台湾少女、洋裁に出会う

母とミシンの60年

母親的六十年洋裁歲月

鄭鴻生
Zheng Hong-sheng
天野健太郎 訳

紀伊國屋書店

母と、あの時代を懸命に生きた女性たちに本書を捧げる

はじめに——日本統治時代の台南

本書の主な舞台は、日本統治時代の台南（たいなん）である。

日本統治時代とは、日清戦争で敗北した清によって一八九五年に割譲された台湾が、日本の植民地となった五〇年間を指す。日中戦争・太平洋戦争が終わるまでずっと、台湾人は台湾総督府による独裁的・差別的統治のもとにあった。しかしその施政下でインフラ整備が進み、製糖業など産業の近代化も着実に進んだ。台湾縦貫鉄道は一九〇八年に、新たな港湾として開発が進む基隆（キールン）と高雄（たかお）（当時は打狗）を一本のレールで結んでいる。同じころ台北には都市公園やホテル、衛生的な公設市場が開設されるなど、日本を経由して西洋の先進的な生活基盤が構築されつつあった。

一方、漢民族が多数を占める台湾の人びとにも、弁髪（べんぱつ）や纏足（てんそく）という旧弊をあらためたり、医者や教員を目指すなど、新しい時代に乗り遅れまいという気運が生まれていた。教育制度も台湾人には制限があったものの、台湾人子弟向けに日本語などを教える「公学校」の就学率は、一九一四年に九%、二〇年に二五%、三五年に四一%と着実に上昇していった。日本への留学生が激増した一九二〇年代には、抗日民主運動や台湾文学論争が台湾の知識階級で燃え上がり、人びとの民族意識が高まるとともに、被植民地の矛盾を見つめる作品も多く生まれた。

本書の主人公――台南生まれの少女が洋裁と出会い、夢に向かって走り出した一九三〇年代は、おしゃれな喫茶店が流行し、チョコレートなど西洋菓子の広告が紙面に踊り、台北と台南に百貨店が誕生するなど、都市生活が台湾の市井の人びとにも浸透しはじめたころだった。これらは言うまでもなく、日本がもたらした近代文明であった。

台南は、台湾の「古都」と言われる。四〇〇年ほど前、中国大陸（主に福建南部）より移民してきた漢民族たちの歴史がここから始まり、清の時代の一六八四年には台湾を治める行政機関「台湾府」が置かれ、長く政治・経済・文化の中心だったからである。そもそも「台湾（Taiwan）」という名も、漢民族が移民してくる以前より台南の沿海部に暮らしていた先住民族・シラヤ族が安平（あんぴん）を指した「大員（Tayuan）」がその由来であった。

台南の開発はまず一六二四年、オランダ（オランダ東インド会社）が上陸したことに始まる。中国、日本とバタビア（今のジャカルタ）を結ぶ貿易の拠点とするためである。彼らはゼーランディア城（今の安平古堡）とプロヴィンティア城（今の赤崁楼）を築き、先住民族や漢民族移民を労働力に植民地経営を行った。その後一六六一年、清に抵抗して大陸より逃れてきた鄭成功がオランダ人を撃退（翌年に死去）、鄭一族はなお台南を本拠地として製糖・稲作のため漢民族の移民をさらに拡大させるも、八三年、清に滅ぼされた。清は台湾統治に消極的であり、かつ移民を禁じたが、大陸から渡ってくる漢民族の数は増えつづけ、鄭時代にはおおむね濁水渓以南に限られた開拓農地は西部平原全体へと拡大し、先住民族はそのぶん、山間部へ追いやられ、かつ平野部では漢民族との通婚が進んだ。

一七二三年、すでに発達していた市街地を守るように台南城が築かれた（城壁が築造されたのは八八年）。かつてゼーランディア城があった安平とのあいだには、巨大な台江内海があり、船は台南城のすぐ近くに停泊した（海岸線は今の西門路近くにあったようである）（図1-2）。街の中心は、大西門に近い「大井頭街」「竹仔街」「鞋街」と続く東西の通り（日本統治時代の本町通り、今の民権路）と、南北に続く「打銀街」「上横街」（日本統治時代の白金町通り、今の忠義路）の通りが交わる「十字街」で、水運・交易の結節点としてオランダ時代から清の時代まで長く栄えた。

一八二三年の台風による土砂の堆積（たいせき）で台江内海は陸地となったが、安平から運河を開削（かいさく）して台南城・西門外（今の神農街周辺）に「五條港（ごじょうこう）」が築かれると、以後も台南城内との交易が盛んに行われ、一九世紀までに中国大陸に加え、欧米などに向けた米、砂糖、茶葉、樟脳（しょうのう）などの輸出が拡大した台湾で、「一府二鹿三艋舺」――つまり遅れて開港した鹿港（ろくこう）、台北・萬華（まんか）を押さえて、台南がいちばんの港町であるとされた。

　一八七四年の日本による台湾出兵（台湾では「牡丹社事件」）のあと、台北城が築かれ、台北が台湾の中心地となるが、台南はなお古都としての伝統的な文化と生活を育みながら、日本統治時代の近代化を迎え入れることとなる……。

訳者

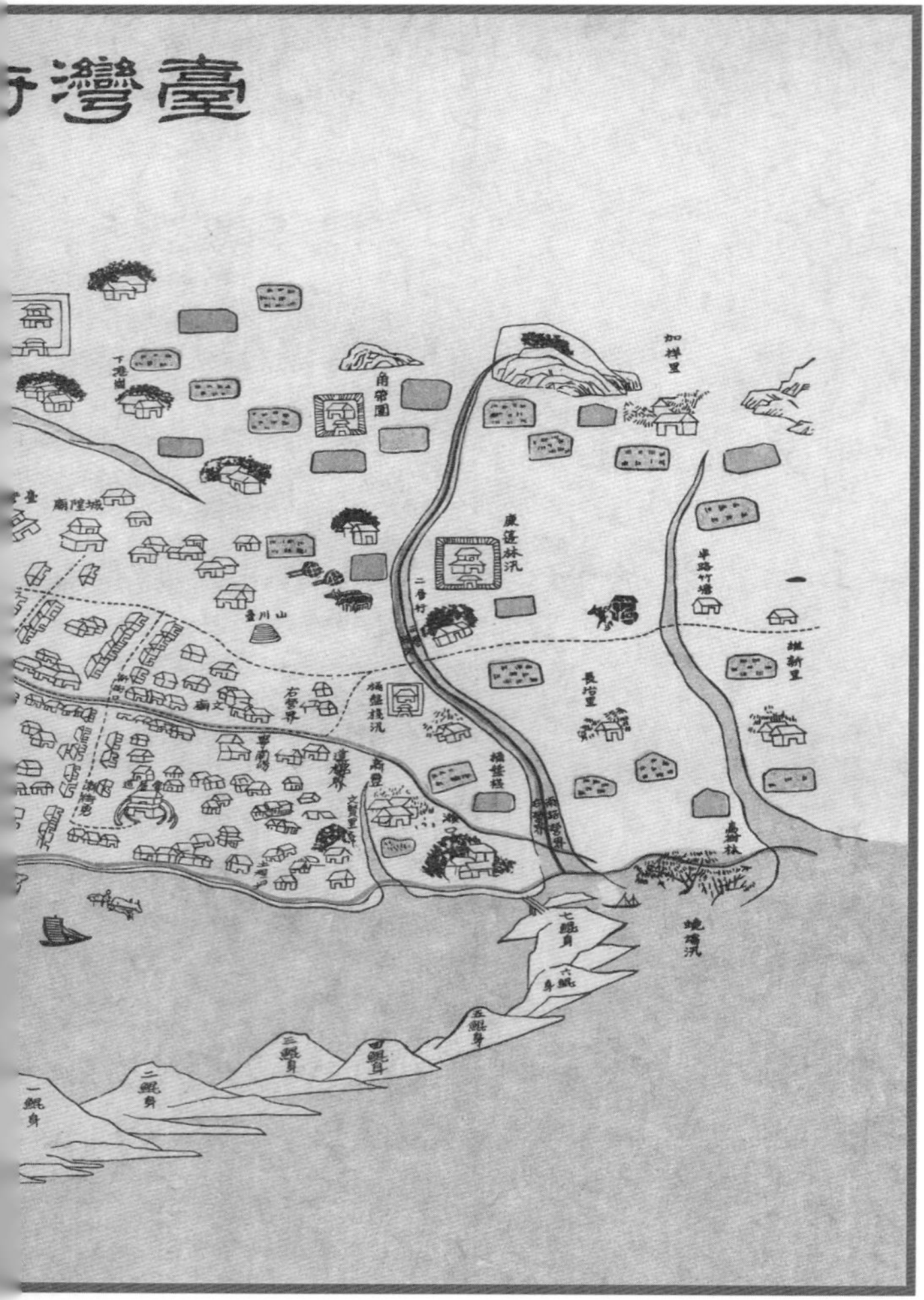
臺灣
加祥里
城隍廟
長治里
維新里
七鯤身
六鯤身
五鯤身
四鯤身
三鯤身
二鯤身
一鯤身

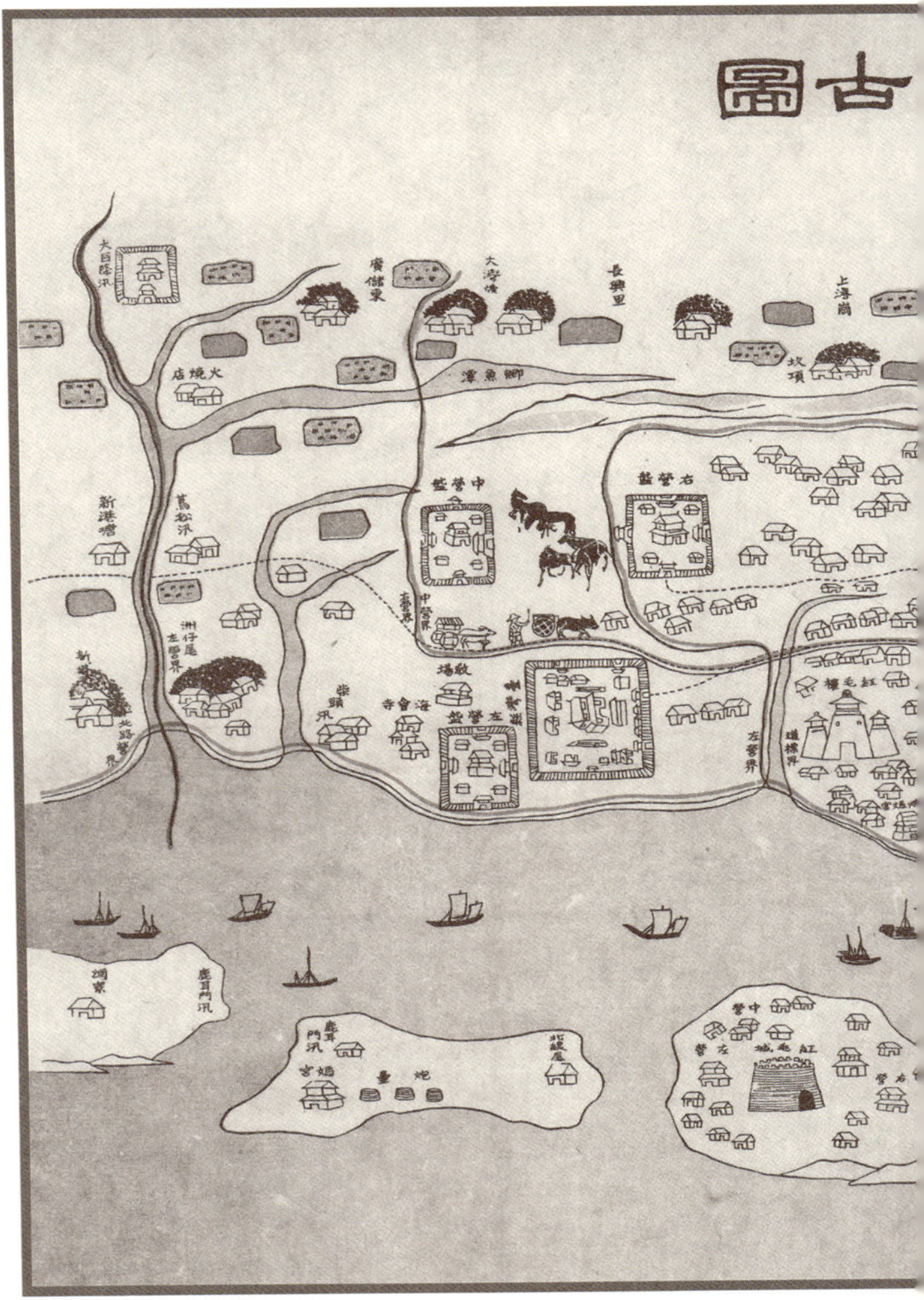
古圖
長興里
中營盤
右營盤
左營盤
海會寺
新港壇
紅毛樓
紅毛城
鹿耳門汛
砲臺
媽宮
北線尾

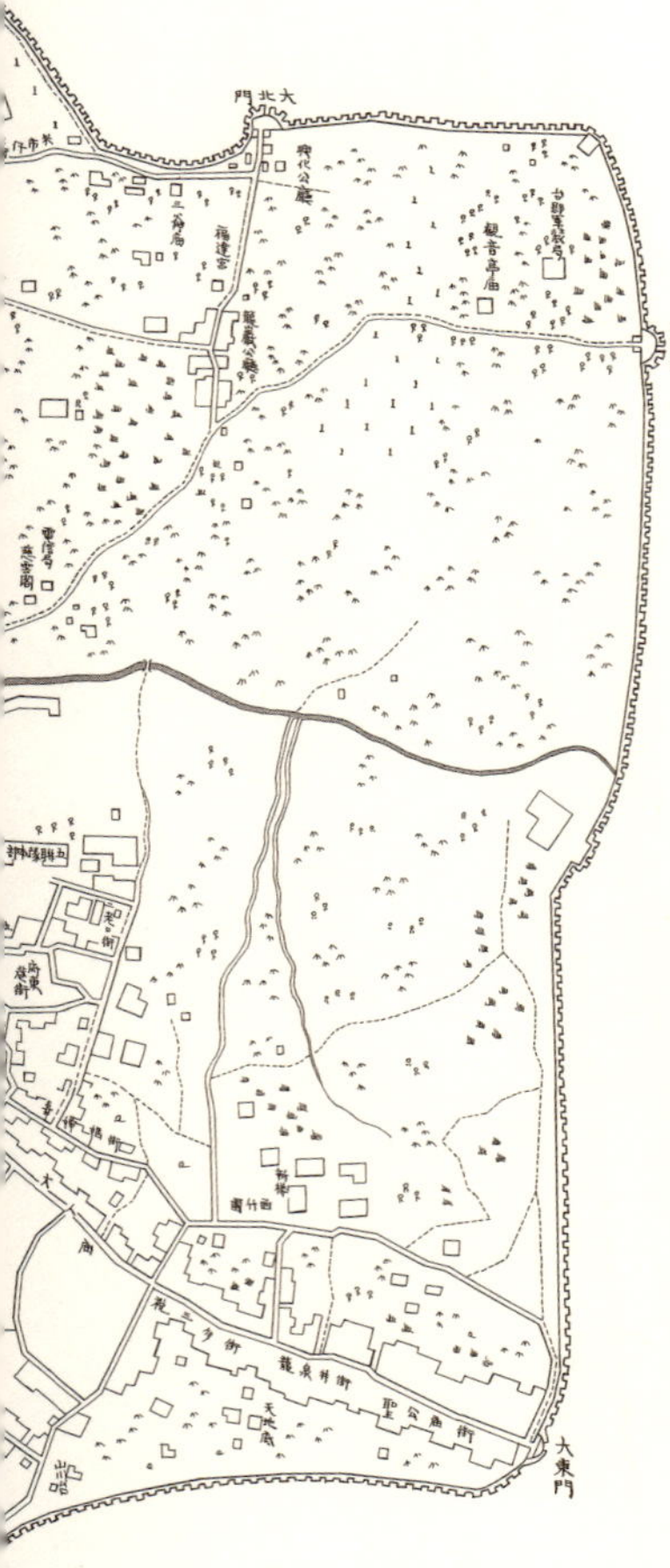

図1（前頁）「台湾府古図」（清の時代・康熙年間、1662-1722年）。右下の砂州が伸びた先にある円筒形のゼーランディア城と、内陸部にあるオランダ式建造物・プロヴィンティア城がまだ残っている。そのあいだに大きな内海があり、「大井頭」の先に何隻もの船が停泊しているのがわかる。台南城が築かれる前の台南である。
図2「台南城図」（1896-1900年）。台南城は1788年に城壁が築造され、今の地理でおおむね北は台南公園、東は勝利路、南は南門公園、西は西門路で市街地を囲むようにあったが、日本統治時代（1911年ごろ）にほぼ撤去された。「大西門」は今の西門圓環の南側にあり、その外へさらに一層外城が築かれ、五條港を囲んでいた。図中左手の水路が五條港で、「蕃薯港」の地名もある。

小北門
大南門
小西門

台湾少女、洋裁に出会う

母とミシンの80年

序——六〇年の洋裁人生

一九九四年春、数えで七七歳になった母が、リタイアすることになった。台南の地で四一年にわたり、あわせて一二五期の卒業生を輩出した洋裁学校——「東洋裁縫学院（中文名・東洋縫紉短期職業補習班）」を閉じたのである。体力の衰えだけではない。その数年前から生徒の数が急激に減り、経営を維持できなくなったことが大きな理由であった。

少女時代から縫いものが好きだった母は一九三六年、一九歳で「日吉屋」の見習いとなった。日吉屋とは日本統治時代の台南に造られた新しい繁華街、末広町の大通り（今の中正路）で日本人が経営していた洋装店である。母はそれまで二、三年のあいだ、日本の婦人雑誌にあった洋裁のページを見本にして、自分なりに洋服作りを始めていた。つまり、

一六、七歳で洋裁の世界に触れてから洋裁学校を閉じるまでのおよそ六〇年、ちょうど十(じっ)干(かん)一二支が一周するだけの洋裁人生を送ったのである。

一九三〇年代、「洋服」は台湾人女性にとって当たり前のファッションになりつつあった。公学校〔訳注・日本統治時代の台湾人子弟向け小学校。六年制。国語（日本語）教育とともに道徳・実学を授けた。一九四一年より国民学校に統合〕で小学教育を受けた都会の若い女性はなおさらである。それまで各家庭で当たり前に行われていた伝統服を繕う針仕事――「女紅(じょこう)（ルーガン）」は当時、廃(すた)れつつあって、彼女たちの多くは次々と洋裁を学ぶ場所――洋装店や洋裁師のもとで見習いとなった。また、母と同じように、婦人雑誌に載っていた製図をもとに独学するものもいた。

その後、生徒を集めて洋裁を教える学校ができはじめた。もちろん正規の学校制度には含まれないもので、日本の敗戦と台湾の中華民国への復帰ののち、これら洋裁学校は社会教育という大きな枠組みに再編成され、「補習班(ブーシーバン)（予備校）」に分類された。戦後の経済復興と成長、とりわけ繊維産業の勃興にともない、一九五〇年代以降、台湾人女性のあいだで、自分を着飾るための洋服を自分で作る、洋裁ブームが巻き起こった。もちろん、十分な量と種類の生地がいつでも手に入るという基礎条件が整ったことにもよるが、それ以上に、台湾人女性が自立するための方法のひとつとして、洋裁という技能が必要不可欠とされたのだ。かつて「女紅」と呼ばれ、日常生活のなかで、できて当然だった針仕事は、戦後も形を変えて生きのび、しっかり機能していたということになる。

一九五三年、母は台南に東洋裁縫学院を開校した。生徒はまたたく間に増え、教室をいくら拡張しても追いつかなかった。さらに一九七〇年代には、台湾の繊維産業・アパレル産業全体が好況に沸き、洋裁学校はその最盛期を迎えた。

ところが、一九八〇年代に入ると、洋裁学校の活況は突如として陰りをみせはじめる。台湾人女性が既製服を着るようになったのである。高級ブランドから名もないメーカー品まで、身につける服はいろいろであったが、いずれにせよ自ら布を裁ち、ミシンを踏み、新しい服を作る習慣は過去のものとなった。仕立て屋でオーダーメイドすることも少なくなり、だれもが百貨店で出来合いの服を買う時代がやって来たのだ。一九九〇年代には町の仕立て屋がほぼ姿を消し、輸出の花形であった繊維・アパレル産業も、新興の電子・情報産業に取って代わられることとなった。

ぼくが、当時は恋人だった妻・宛文（えんぶん）と海外へ向かった一九七五年は、まさに洋裁学校の最盛期であった。その何年か前に引き合わせたころから、母はまるで自分の娘であるかのようにどんどん服を作って彼女にプレゼントした。つまり息子の恋の援護射撃をしてくれたということだろう。母には息子がふたりいたわけだが、やはりさびしく感じていたらしい。洋裁の仕事を継がせる娘がないばかりか、女同士でおしゃれを楽しむことさえできなかったのだ。だから、未来の嫁の出現に、母は息子よりよほど積極的になり、兵役中のぼくに宛文向きのスタイルブックを送ってきては、台北の彼女の反応を知りたがった。おかげで、出国する宛文の旅行カバンには母の望みどおり、TPOに合わせた服が一式揃っていた。

ぼくと宛文はアメリカで大学院に通った。一九六〇年代のヒッピームーブメントを経て、当時のキャンパスには解放と反抗のムードがまだ色濃く残っていたから、先生も学生もかなりラフな服装をしていた。でも母は、海外に行くなら国の恥になるような恰好をしてはならないと考える人だった。台湾における海外留学ブームは一九六〇年代から始まっていて、母のもとにも、出国する娘のため、あるいは息子の留学に連れ添うお嫁さんのため、新しい衣装を依頼する友人がたくさんやって来た。つまり、母がぼくの恋人の服を準備するのは、いたって当たり前のことだったわけだ。彼女の旅行カバンには、白地に淡いブルーとピンクの刺繍がほどこされたイブニングドレスまで入っていた。それは出国の一年前、ぼくの兄の結婚式で、新婦のサポート役をつとめる宛文のために母が作ったものだった（図1-2）。

数年後、ぼくらがアメリカ社会で働きはじめてからも、母はこまめに、妻の服を作っては送ってきた。そのため母は、ぼくにあらためて妻のサイズを採寸させた。正確に測れたかどうかおぼつかなかったが、試着はできないのだし、母は記憶のなかの妻のプロポーションとぼくが知らせた寸法をたよりに、ワンピースとスーツを何着か完成させた。一九八一年、妻は母から贈られた新しいスーツを身につけて、教員になるための面接を受けるべくアメリカ東海岸へ飛んだ。一九八〇年に結婚したときも、妻は母の新作のワンピースを着て役所で式を挙げ、さらに出国時に持ってきたイブニングドレスで婚礼写真を撮った。人並みの衣装で式を挙げたことで、母もほっとしたに違いない。ぼくらはその後、団体旅行でアメリカへやって来た母と再会した。母はやっぱり新しく仕立てた服を持ってきて、妻に渡した。ぼくと妻がアメリカで暮らした十数年間、母は洋裁学校が忙しいなか、ぼくらにあるべき気品を持たせ、恥をかかせないためにできるかぎりのサポートをしてくれたのだ。

図1-2　1980年、ぼくらはカリフォルニアで結婚した。母が作ったワンピースを着て役所で式を挙げ(上)、イブニングドレスで婚礼写真を撮った(下)。

一九八八年、ぼくらが台湾に帰ったとき、母は七〇歳になっていた。少女時代に洋裁に夢中になってからすでに五〇年あまりが経ち、人として、きちんとした洋服を身につけ、身だしなみを整えるべきという信念が、彼女の心にしっかりと根づいていた。だから、アメリカでコンピュータを学んだと思ったら、いっしょにラフな服装まで覚えてきたぼくらのことを、母は気に入らなかったらしい。帰国後、ぼくらは台湾北部を生活の拠点としたが、それでも母は本領発揮とばかりに、洋服を何着も携えて台南からたびたびやって来た。もっともこのころは自分で作ることはなく、型と寸法を確認する以外は学校の助手にやらせていた。妻にプレゼントした服はどれもしっかり覚えていて、ときどき、あのワンピースはまだ着ているかとか、あのコートはもう型が古いから着なくていいとか、アドバイスをくれた。

息子の嫁に服を作るという習慣は、母が八〇歳を過ぎる一九九〇年代末ぐらいまで続いた。洋裁学校をたたんで以降、毎日きちんとした服装で授業に出る必要がなくなり、母は自分の服を作らなくなった。

洋裁の先生をしていたのにもかかわらず、母の服は昔から多くなかった。台湾の居住環境では衣類の収納場所が十分にとれないという理由もあったが、シンプルをモットーとし、身につけるものは流行に合わせて絶えず更新していき、たくさんの服を手元に置いておく必要はない、というのが母の哲学だった。だから、母のクローゼットはけっして大きくなく、礼服やとくに気に入ったもの以外は、シーズンごとに新しく服を作って、存分にそれを楽しみ、シーズンが過ぎれば友だちにプレゼントした。きっぱりした性格だったから、生地を選ぶときも手早く、いいと思ったらすぐその場で購入し、よそと値段を比べるようなこともなかった。母にとっていちばん大事なのは、時間だった。人生の時間は洋裁学校のためだけに使うべきと考えていたらしく、自分のファッションのことはいつも即決した。

リタイアの何年か前より、母は、中年のお手伝いさんに料理と掃除を頼んでいた。もっとも、ぼくらが小さかったころみたいに農村から住みこみで来てくれるような人はおらず、台南近郊の関廟(かんびょう)から通う彼女には、午後から晩ごはんまでの世話をお願いした。お手伝いさんは母よりだいぶ年下だったが、母が家の中でもきちんとした身なりをしているので、「こんな着飾る人、見たことがない」と、不思議がっていた。職業上の必要はなくなっても、自身のこだわりとして、母はやはり美しさと気品を保つよう心がけていた。ただ、台湾では近代化の過程で、「着飾る」ことの正当な意味合いが失われてしまったように思える。今、我々が「着飾る」と耳にするとき、必ずしも褒め言葉でなく、むしろ皮肉に聞こえるだろう。昔のことを思い出して、母がこんなことを話してくれた。かつて母は、すてきな立襟（たちえり）のコートを持っていた。ウール生地の外は群青色、内はグレーで、リバーシブルに着こなすタイプであった。日本製で、シルエットも色合いもなんとも品のあるコートだったのに、ある日、父のお伴で出かけるときに着ていたら、きれいすぎると父が嫌がり、地味なコートに着替えさせられたという。その後、母はそれをぼくの妻にプレゼントしてしまったが、いつまでもそのコートのことを気にかけていた。

美しさと気品の基準は時代とともに変化した。一九三〇年代に成長し、日本式の近代教育を享受した母には当然、そのセンスに日本統治時代のスタイルが色濃く残っていた。七〇年以上、母が身につけていた洋服はどれも、日本の洋裁専門誌をお手本にしたもので、化粧さえも日本風だった。そう、母と同世代の女性がみなそうであるように。

戦後、冷戦下の台湾は、アメリカを中心とした世界的な流行の渦（うず）に呑みこまれた。女性ファッションはまさにその急先鋒だったが、母が長い歳月のあいだに用いた服飾関係の雑誌は、ごくまれにアメリカのものが混じる以外、ほとんどが『装苑』（一九三六年四月創刊）や『レディブティック』（一九七二年秋創刊）など、日本の洋裁専門誌であった。無論、日本語がわかったからという理由も大きいが、そもそも戦後日本の流行は欧米のあと追いにもかかわらず、少なくともアジアの女性向けに手直しが加えられ、グローバリゼーションとのあいだで、ほどよい調整弁になっていた。だから台湾の女性たちがずっと、日本の雑誌を着こなしの教科書としていたことは、ごく自然のなりゆきだった。

ぼくも覚えているが、外国書籍を売る書店がなかった一九六〇年代の台南で、うちには毎月、箱いっぱいの日本の雑誌が届けられた。自転車で配達に来る痩せっぽちのおじさんは、うちの前に来ると必ず、「校長先生」と日本語で母を呼び、当月分の日本の洋裁専門誌やファッション誌、それから日本語版の『リーダーズダイジェスト』を置いていった。雑誌は、好奇心いっぱいのぼくがまず読んだ。日本語はわからなくとも、美しい写真が、言語の壁を越えてぼくの胸に突き刺さった。

おじさんが恭しく「校長先生」と呼ぶとき、母はきまって恥ずかしそうにしていたが、彼がそう呼ぶには理由があった。若いころ東京で洋裁を学んだ母は、台南でだれもが認める経歴と腕前の持ち主だったからだ。また出入りの裁縫道具業者が、こんな噂話を母に教えたことがある。定規を扱う物売りがある洋裁学校へ納品に行ったとき、そこの先生から製図を引くときの縮尺定規の使い方を訊かれた。そんなことも知らないなんてと思い、「東洋の先生に訊いたらいかがでしょう」と答えたところ、その先生は嫌な顔をしてこう言った――「わたし、高卒なのに、小学校出の人には訊けません」。出入り業者はそれを、母の技術の確かさを証明するものと感心して母に伝えたのだ。母は日本統治時代の公学校しか出ておらず、ほぼ独学の日本語で雑誌や小説を読み、近代的な教養を身につけていた。

母は、おじさんがいつも持ってくる日本の雑誌から、流行の動向をつかんでいた。しかもそこには、新しいスタイルのバリエーションのつけ方から裁断方法まで、どれもこと細かに紹介されており、真似するのは簡単だった。のちに情報が手に入りやすくなり、欧米のファッションショーの様子さえ、家にいながら雑誌やテレビで見られるようになったが、母がそれに心を動かされることはなかった。母は一般女性の服装があるべき範疇(はんちゅう)をわきまえており、そのセンスと技術を多くの台湾南部の女性に伝えた。

とはいえ、日本以外のスタイルを排除しているのではなかった。戦後、民国式のチャイナドレスが流行したころ、母もまたシルエットの異なるチャイナドレスをいくつも研究した［チャイナドレスは中国語で「旗袍(チーパオ)」といい、もともと清朝の支配階級・満州族（旗人(チーレン)）の服を指した。漢民族の女性服が上着とスカート、ないしズボンに分かれていたのに対し、ワンピースで袖(そで)も裾(すそ)も長く、まっすぐ広がっていくシルエットであった。中華民国成立後、一九二〇年代の上海を中心に、新時代の女性の行動的な服装として、清の時代のものより細身かつ立体的なワンピース型の女性服が普及し、「民国式旗袍」「改良式旗袍」と呼ばれた。台湾では一九三〇年代に上海から伝わり、国民党政府が大陸から逃れてきたことで、五〇年代にも流行した」。いちばん難しいとされた体の凹凸に合わせた採寸と裁断方法さえ、母の頭のなかで整理され、洋裁学校で教えられた。また、チャイナドレスの流行以後、洋服の襟や袖などを中華風にアレンジする方法が洋裁学校で教えるべき重要なポイントとなった。一九五〇年代以降、世界的なファッションの流行は、さまざまな媒体を通じて台湾まで浸透し、六〇年代に一世を風靡(ふうび)したミニスカートやパンタロンなども当然母の授業に取り入れられ、時代の変化から取り残されることはなかった。

一九五〇年代からの数十年間、数多くの台湾人女性が時代ごとの条件のもと、競い合うように洋裁を学び、バラエティあふれる衣装を自分のために作った。その時代、洋裁という創作活動が、女性たちの自己表現として行われていたことに大きな意義があり、現在の百貨店などでの消費行動とは雲泥の差があった。時代が大きく変容していくなか、母は洋裁の技能を味方に戦い抜き、最後、既製服とブランド衣料が市場にあふれ、洋裁がもはや台湾人女性に必要とされなくなったころ、ようやくその武器を置いた。つまり一九三〇年代から九〇年代まで、六〇年の長きにわたった母の洋裁人生は、近代化のうねりのなかで台湾人女性が洋裁と出会い、そして別れるまでのドキュメンタリーであり、また政治体制の変化、経済発展と都市化を背景に、おしゃれで自分を表現しつづけてきた女性たちの歴史そのものでもあったのだ。洋裁という庶民が生きていくための技能は、少女だった母が洋装店の見習いになるころ流行りだし、老齢になって洋裁学校をたたむころ廃れた。美しい時代はもう戻ってこないが、でもその六〇年には振り返る価値があるはずだ。

1931-36

目覚めのころ

初めて見たウェディングドレス

ぼくらが「三番目のおじ」と呼ぶ、母の一〇歳ほど年上のいとこが、一九三一年に結婚した。式は新婦が白いウェディングドレスをまとった西洋スタイルで、どこまでも前近代的だった台南の人びとに大きな衝撃をもたらした（図1）。それまでは一族の廟所（びょうしょ）で行うのが普通だった披露宴も、このたびは新奇なヨーロッパ建築の台南公会堂で執り行われた（図2）。

もっとも、西洋風の結婚式は台南の名門一族のあいだで行われて久しく、一九二〇年代に撮られた婚礼写真には、モーニングを着用した新郎の姿が多く残され、かたわらの新婦はやはり、真っ白なウェディングドレスを身につけている。一九二六年、台南の名医・韓（かん）石泉（せきせん）が公会堂で行った婚礼でも、新婦は西洋風のドレス姿であった。韓は民族意識が高く、台湾文化協会［日本の植民支配に対抗し、民族意識を高めるための文化啓蒙活動を行った組織。一九二一年設立、二七年分裂］にも積極的に参加したが、そのいっぽうでキリスト教長老派の信者

図1　1931年に執り行われたおじの結婚式は、新婦が真っ白なウェディングドレスを身につけた西洋スタイルだった。新婦以外の少女たちが着ているのが「改良型台湾服」である。

でもあった。もう一枚、一九二七年（かそれ以降）に撮られた、固園黄家の令嬢・灼華の嫁入り写真がある（図3）。彼女もまた、純白のレースが美しいウェディングドレスに身を包んでいる。これらの写真は、当時の社会でエリートと呼ばれた若者たちの風潮を示すものだが、一般家庭の考え方はまだ保守的で、そんなアバンギャルドな結婚式を挙げることなどできるはずもなかった。だからおじは晩年、自分の結婚式について話すとき、なお得意気であった。彼はこんなことも書き残している。「その日、新婦が着用した衣装は、伝統的な旧社会でだれよりモダンであり、台南じゅうが大騒ぎになった」

結婚したとき、おじは総督府高等商業学校（台湾大学法学部高学科の前身）を卒業し、専売局［アヘン、塩、樟脳、煙草、酒などの独占的製造・販売を行った台湾総督府の機関］に入ったばかり。つまり一族のなかでも出世頭で、時代の最先端を走る新世代のひとりとして、こんなチャレンジをしたのも頷ける。

おじの婚礼写真に戻ると、新郎の世話をする男性の友人たちは、四人そろって西洋風の背広を着ている。そればかりか、おじはモーニングに白い蝶ネクタイという恰好だ。当時の新世代の男性たちにとって、そんな着こなしはきわめて一般的になっていたというわけだ。対して、家族やご近所のあいだで大騒ぎになったのは、新婦のウェディングドレスの

図2　修復された台南公会堂の今の姿（上）。1911年、清の時代の製塩商・呉尚新の名園「呉園」を接収して建てられた。戦後は中山堂、社教館など名を変えたが、長年台南市民の結婚、音楽会など集いの場となった。1991年に市の文化財に指定。現存する庭園とともに、呉園藝文館として市民に開放されている。
図3　1927年（あるいはそれ以降）に撮られた、黄灼華と楊必得の婚礼写真（下）。黄天横提供。

ほうだった。女性の服装の変化は、近代化が進展する社会にあっても、たしかに男性よりワンテンポ遅かった〔台湾では新婦が着る婚礼衣装は伝統的に赤色であり、白は弔い（とむらい）の色として旧世代からは忌諱（きい）された〕。ところが、おじに嫁いだ女性は、同じく封建的な家庭の出でありながら、非常にアバンギャルドで現代的な女性だった。母によれば、おじのお嫁さんのウェディングドレスは一族の若い娘たちに大きな衝撃を与え、ご近所の少女たちの憧れの的となった。一九三〇年代初頭、台南女性の服装はまさに前近代から近代への転換期にあり、婚礼写真からもそれをうかがい知ることができる。主役の新婦がウェディングドレスにハイヒールという、頭のてっぺんから足の爪先まで西洋風であったのに対し、新婦のサポート役をする娘たちの恰好は、短いスカートで一見西洋風に見えるが、肩のあたりをよく見てみると襟（えり）から袖（そで）まで一枚生地の、伝統的な台湾服の作りであることがわかる。雰囲気だけ西洋風に見せた、いかにも過渡期らしいスタイルであった。

この世紀の結婚式は、祖父（母の父）が主催した。貧しかったあの時代、四世代あわせて一一家族あったうち、次男であったおじの父も含め六人の兄はすべて亡くなっており、七男の祖父が一族でいちばんの年長だった。近代的な結婚式会場で、長老世代のふたり――祖父と祖父の弟（八男）は漢民族の伝統的な礼服である「長袍馬褂（デンパウベグア）」〔くるぶしほどまである長袖のワンピースと体の中央で襟を紐（ひも）ボタンでとめるジャケット」を着たという。日本の植民地教育を受けてない彼らには、身につけるものにもその保守的な考えがあらわれていた。

しかし、次世代の若者たちはすでに新しいスタイルへと移行しつつあった。母は当時一四歳。この盛大な結婚式に参加するため、親が新しい服を用意してくれた。それは母にとって初めての大人の服だったが、出来上がってきた服を見て母はがっかりしたという。なぜならとても「ダサかったから」だ。当時、昔ながらの服に手が加えられた「改良型台湾服」が着られるようになっていた「大陸から移民してきた漢民族の女性の代表的な伝統服は、「大襟衫（ドゥアキンサー）」という襟を右肩下で合わせる膝丈の上着と巻きスカート、ないしズボンであった。日本統治時代に入ると、中国大陸の流行や洋服の影響を受け、袖をラッパのような七分袖とするなど「改良」が加えられた」。おじの婚礼写真に写る四人の女性のものはかなり西洋風に寄せてあり、一方、母のものは限りなく昔風だったようだ。母の家族は保守的で、おじやそのお嫁さんの家族ほど進歩的ではなかったわけだ。いかにも守旧的だった母の改良型台湾服は、母の姉妹たちからもかっこわるいと非難された。だから、主役たる新婦が身につけた洋装が羨望の対象となったのも、当然である。

このとき母は、満年齢では一三歳になっておらず、でも当時の人びとは、生まれてきたら一歳、その後は毎年旧暦の正月を過ぎたら一歳年をとるという数え年で年齢を計算していたから、今の感覚より一、二歳年をとっていた。日本統治時代に西洋式の新暦と満年齢が導入されたが、旧来のやり方は「台湾歳（ダイワンホエ）」と呼ばれ、なお民間に残った。母は万事、数え年で人生の出来事を覚えていた。だから母は、おじの結婚式を数えの一四歳で経験したのである。

「洋」服という新しい響き

新しい文化の啓蒙期にあった一九二〇年代の台湾で、都市で暮らす若い女性たちは、伝統的な台湾服にいろんなバリエーションを加えて身につけていた。台南の古い港町「五（ご）條港（じょうこう）（ゴーリャウガン）」に生まれた母が、五歳のときに撮った家族写真がある（図4）。働きざかりの男たちは、老人たちの伝統的な服と違い、多くは洋装をしている。若い男性は、改良型台湾服さえ着ていないのだ。一方、さすが保守的な一族だけあって、女性たちが着ているのはみな台湾服である。大人だけでなく、子どもだった母（最前列左端）とそのいとこふたり（最前列左から二人目、同右端）も、昔ながらの子ども服に身を包んでいる。一族がいっしょに暮らしていたころだから、封建的な家風がまだしっかり残っていた。ただ同じ時代の、別の家の写真を見てみると、若い女性たちの服装の変化がすぐに発見できる。たとえば、固園黄家の一九二七年の家族写真で、若い女性が着ているのは改良型台湾服か西洋風の制服のいずれかである（図5）。

母の記憶によれば、一九二〇年代末に明治公学校（今の成功国小）に通っていたころ、同級生たちはみな垢抜けない、台湾服と洋装の折衷型のような制服を着ていた。つまりそれも、改良型台湾服だったということだろう。同時期の新竹女子公学校のクラス写真からもそんな過渡期の様子がうかがえる（図6）。また公学校にひとりだけ、みんなと同じ制服ではなく、毎日ワンピースを着て通う子がいて、母はとてもうらやましかったという。その子は、台南長老派教会の最初の信徒である高長の孫で、再生堂病院の創始者・高再得の娘、碧華だった。同級生のなかでもとびきり美人で、毎日洋装だった彼女のことを母はよく覚えていた。彼女の家へ遊びに行ったこともあったそうだ。再生堂病院は、当時「石像圓環」と台南人が呼んだロータリー［大正公園のこと。中正路と中山路など七本の道路が接続する環状交差点があり、その中央緑地に第四代台湾総督・児玉源太郎の像があった。現在は湯徳章紀念公園］

の近くにあり、中洋折衷で、いかにも前近代と近代が交錯したような建物だった。門を入れば、中庭や吹き抜けをひとつひとつくぐっていく台湾式の大邸宅であったが、昔ながらの客間があるいっぽう、西洋風の部屋も少なくなかった。高家はキリスト教と医学に関係する家だったから、改良型台湾服のように、家もまた改良型の台湾建築だったわけだ［台湾の伝統的な「閩南(びんなん)（福建南部）建築」は、屋根の跳ね上がるような曲線とくすんだ赤の瓦が特徴］。もっとも、母と同年代の高家の子どもたちは、幼いころから洋服を身につけていた。

「洋装(ヤンジュアン)（洋服）」という中国語［戦後、日本語に代わって標準語となったいわゆる「北京語」］の単語を、今の台湾で使うことはあまり多くない。服を意味する「服装(フージュアン)」で通じるのに、なお「洋」の漢字を加えるというのはなにかしらの特異性があるわけで、たとえば伝統的な漢民族の服を我々はわざわざ「唐装(タンジュアン)」と呼ぶ。しかし、七、八〇年前の台湾人女性にとって「洋装」という言葉はとびきり新鮮で、ファッショナブルだった。「洋装」とはもともと日本人が西洋から取り入れた近代的な服飾を指す単語で、日本人も我々と同じく、西洋文明の衝撃を受けとめるときに「洋」という漢字を用いて、わざわざ「西から来たもの」という意味を付した。つまり、日本の伝統的な「着物」と区別するために作られた新

図4　1923年、施一族の家族写真（上）。女性は老若を問わず台湾服を身につけている。最前列左端の母も、いとこたちも同じく昔ながらの子ども服を着ている。結婚式のおじ（最後列左端）はまだ学生で、当時新しかった制服を着用している。

図5　1927年、固園黄家の家族写真（下）。前列の成人女性ふたりが着ているのが伝統的な台湾服。後列右から2番目の長女は改良型台湾服、隣の妹たちはセーラー服姿である。

しい言葉というわけだ。ただ、「洋装」という単語は本来西洋人が着用する服全般を意味したが、日本語では徐々に女性の服のみを指すようになったらしい。

洋服は、日本の植民統治とともに台湾へ入ってきた。同時に「洋装（イウゾン）」という台湾語〔福建南部からの移民の母語（閩南語）。戦前も戦後も日常的に使われている〕の単語も、台湾人の言語生活に溶けこんだ。この言葉のおかげで、それまで特別な呼称が要らなかった台湾人の伝統的な服装にも新しい名前が必要となった。日本人が着ているものは「日本衫（リップンサー）（和服）」、西洋人のものは「洋装」。ならば、台湾人が自ら身につけていた服は、それまで当たり前すぎて不要だった地域属性――「台湾」が付け加えられ、「台湾衫（ダイワンサー）（台湾服）」と呼ばれるようになった。当時の人たちからすれば、自分たちの母語を指す「台湾話（ダイワンウエ）（台湾語）」のように、「台湾」が頭につく新しい呼び名はどれも、守旧的でかっこわるい印象しかなかった。数え歳を指す「台湾歳」もそうである。台湾の伝統的な家族制度のなかにある保守性は、台中（たいちゅう）・潭子林（たんしりん）家で一九三四年に撮られた婚礼写真からも見て取れる（図7）。すでに一九三〇年代でありながら、この由緒ある資産家の女性たちは、老いも若きも台湾服を着ている。母の言う「改良」が加えられ、スタイルは多様化しているようではあるが……。

かつて台湾社会では、女たちが「女紅（じょこう）」を学ぶのは当然のこととされてきたが、母が生

図6　1928年、新竹女子公学校の卒業写真（上）。多くが台湾服で、2列目左端の生徒は袖がラッパ型の改良型台湾服を着ている。
図7　1934年、台中・潭子林家の婚礼写真（下）。新婦以外の女性が着ているのは、みな改良型台湾服。

まれたころにはそんな考え方も衰退しつつあった。日本統治時代に公学校で教育を受けた台湾の少女たちは、古くさいながらも少しだけ改良された台湾服を日々身にまといながら、いつかは洋服を着たいと憧れたし、学びたいと思うのは伝統的な針仕事でなく、「洋裁」――洋服の裁縫技術だった。

こんなふうに伝統的な社会が近代化していくなか、母は少女時代を過ごした。一九三一年に見たおじの結婚式に強い衝撃を受け、母と一族の少女たちはみなその華やかな洋服に憧れた。そんな憧れは母だけでなく、ぼくらが「おば」と呼んだ母のいとこ、アーホエの心にも芽生え、洋服を身につけるだけでは飽きたりず、それを作る「洋裁」の世界へと身を投じさせた。同窓のふたりは公学校卒業の数年後、台南の新開地・末広(すえひろ)町で日本人が営む洋装店・日吉屋に入り、見習いから洋裁を始めることになる。

港町の旧家に生まれて

一九一八年の冬が近づく満月の夜、母は旧台南城・西門外にある蕃薯港(ばんしょこう)(ハンジーガン)

〔現在の海安路と正興街が交わるあたり〕の施一族の家に生まれた。祖父は月にちなんで、「伝月」という名を娘に授けた。母が生まれたのは、日本による台湾統治が始まって二十数年が経ち、台湾の伝統的な社会が日本の影響で近代化していくまさに端境期であった。漢民族による最後の抗日蜂起は一九一五年に起きた「噍吧哖事件」である。台南市内にある古刹・西来庵で計画が練られ、山間部の噍吧哖（のちに玉井と改称）で蜂起したこの事件は、母が生まれたころにはすっかり収束していた。同じころ、日本式の近代教育を受けた新しい知識人が育ち、非武装の抗日民主運動が萌芽していた。母の誕生から少し遅れた一九二一年、政治活動家・蔣渭水の主導のもと台湾文化協会が創設された。一方、商家であった施一族もまた、まさに時代の大きなうねりのまっただなかにいた。

蕃薯港は、清の時代・道光年間〔一八二一―五〇年。八代皇帝の時代〕に開削された「五條港」のひとつだった。台南の海岸線は現在と日本統治時代、さらにそれ以前とでは大きく形を変えている。現在、台南中心部と安平地区は陸続きだが、かつてはそのあいだをえぐるように台江内海があり、安平は今の喜樹あたりから北へ長く伸びる砂州の先で、台南城からは遠い海の向こうの島に見えた。台江内海は、南は今の塩水渓から台南運河、鯤鯓湖まで

図８　1920年代の五條港界隈。路地の上に日除けがある。
並河亮撮影。

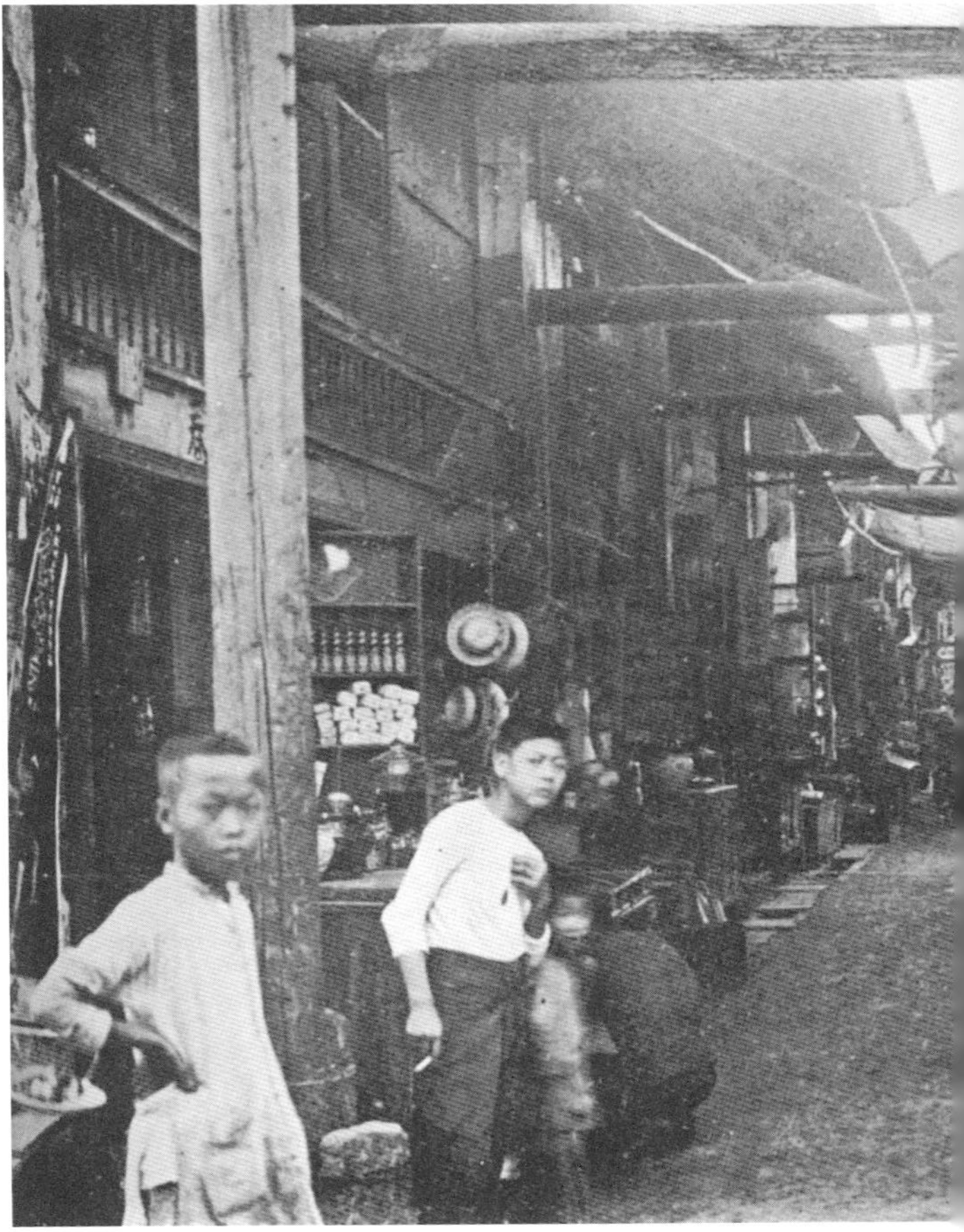

入りこみ、北は今の曾文渓河口から七股の先まで広がっていた。

だから船は、今の海岸線とほぼ同じ位置に続く砂州や島のあいだを抜けて、台江内海を航行すれば、台南城の西門のすぐたもとまでたどり着くことができた。ところが、河川の流下土砂の堆積と台風の影響で清朝前期より陸地がじりじり拡大していき、道光年間の台風でついに内海は消え、台南と安平は陸続きとなった。よって船は、安平北側の外海（今の四草大橋あたり）より先に進めなくなったが、土砂が堆積してできた新しい土地に海へと続く五本の水流が生まれ、浚渫を経て、小舟を台南へ引きこむ運河と港となった。安平の外海に停泊した大きな船から荷物を移した小舟は遡るように運河を入っていき、手のひらのように広がる支流の岸で荷物を降ろす。したがって、西門外にあった貿易商や公館は、以前に劣らぬ繁栄が続いた。そしてこの海へ出る運河に連なる五本の支流は「五條港」と呼ばれ、貿易の集積地として発展した（図8-9）。

「港」という漢字はもともと「水流の巷」――つまり細い水路を意味し、ぼくらからすれば、『水滸伝』の舞台となる沼沢の地・梁山泊の描写――「周囲尽是深港水汊／有無限断頭港陌（周りはすべて深い水路である。その水路に終わりはあるのだろうか？）」がまさにそれだ。だから五條港もそのイメージにかなっているが、今の近代的な港を思い浮かべてしまうと

図9　五條港（上）。今の協進国小の裏手あたり。
図10　1930年代の新運河（下）。

根本的に齟齬（そご）がある。やがて近代的な「新運河」が日本統治時代の一九二六年に完成する（図10）。安平の南側から台南中心部へと、まっすぐ続く幅広の水路である。一方、それまでの運河と五條港はその後の都市化に呑みこまれて消えてゆくこととなる［「旧運河」は、今の地理でおよそ塩水渓河口の安平古堡（こほう）の北東を起点に、民権路を西に抜けて台南城方面へ続いていた水路で、協進国小の裏手から分岐していき、北から新港墘（けんこう）港、南河港、南勢港、佛頭（ぶっとう）港、安海港と五本の支流（五條港）に分かれ、中正路と成功路のあいだを血流のように流れていた。しかし現在、その痕跡を見つけるのは難しい］。

施家があった蕃薯港とは五條港の五つの支流のうち最南端にある「安海港」［今の民生路・金華路のあたりから西へ分岐して、海安路のあたりまであった］のさらに小さな支流であった。施家の先祖は、清朝中期に福建・泉州（せんしゅう）から、この繁栄する台南の五條港へやって来た。そして蕃薯港に「順興（じゅんこう）商店」を設立し、木材や米・穀物、雑貨などの商いを始めた。その後、一八五七年には泉州・晋江（しんこう）を守る廟宇（びょうう）である六姓府（ろくせいふ）から王爺廟（おうやびょう）を分祀（ぶんし）し、また、母が公学校に通っていた一九二七年には、六姓府に施一族の祠（ほこら）を寄贈している。その上棟式があったお祝いの日を、母は覚えているという。当時一族のつながりは強く、福建南部の人びとは、一族で行う事業のことを「公司（ゴンシー）」［現代の中国語で会社の意］と呼んだ。のちに祖父が分家して白金町（今の忠義路）に移ったあと、蕃薯港の本家に用があるとき、母はやっぱり「公司に帰る」と言った。「公司」と呼ばれる家族組織は、南方へ移民した福建人たちのあいだで今もよく見られる。たとえばマレーシアのペナン島にある巨大な「邱公司（Khoo Kongsi）」は、一族でともに暮らし、ともに働き、いつしか大企業となった。彼らの絢爛たる廟所は観光名所になっている。

施一族の「公司」もまた、構成する血縁者たちの生活をすべて養い、遺児や寡婦などの面倒もきちんとみた。平均寿命が著しく短かったあの厳しい時代、「ひとりになっても、体を病んでも」一族で支えたということだ。おじの結婚式のところでも触れたように、祖父の世代にあって、七男の祖父より上の六人の兄はみな亡くなっていた。うち若くして死んだものも少なくなく、多くの遺児と寡婦が残された。おじも両親をそろって亡くしていたが、「公司」のなかで養われ、高等商業学校を卒業することができた。夫に先立たれた女たちも、一族のなかで家事と教育という大きな役割を担った。母によれば、四世代がともに暮らす家では、毎日の食事は一大事であり、買い物に出かけるもの、台所で調理するものなど、それぞれ責任の分担があった。一族が保有する店舗や倉庫は成人した男が預かり、老齢の女は子どもの世話をした。母は大伯母（祖父の三番目の兄の寡婦）が一族の子どもたちの教育にたいへん厳格だったことを覚えていた。

日本統治時代、五條港は土砂が堆積し、少しずつ衰退していった。さらに台湾北部の基隆と南部の高雄を結ぶ台湾縦貫鉄道の開通（一九〇八年）が駄目押しとなり、さびれた。母が公学校を卒業するころには、施一族は順興商店の事業を分割し、それぞれの家の裁量で営業することにした。祖父に分け与えられたのは、もともとまかされていた「錦順興」という日用品店だった。この店は、旧名「打銀街」、日本式の新しい住所で「白金町三丁目三二番地」にあった。向かいの細い路地を入れば、孫悟空を祀る古い廟宇・萬福庵があるこの一帯は少し高みにあるため、古い地名で「蕃薯崎（ハンジーギャ）」とも呼ばれていた。つまり母は分家をきっかけに、西の運河端の蕃薯港から、東の小高い蕃薯崎へ移ってきたわけだ。

末広町通りが開発される以前、日本人移民がまず住みついたのが白金町であった。白金町三丁目は「打銀街」という旧名のとおり、多くの「銀楼（金銀店）」が集まる通りで、台南城を東西に貫く竹仔街と帽仔街などからできた本町通り（ともに今の民権路）と交わっていた（図11-12）。一九二〇年代なかば、母が公学校に通っていたころ、植民地の施政者は

図11　オランダ時代から栄えたこの大通り（上）は、清のころ中央に露天商が並び、竹仔街と帽仔街に分かれたが、日本統治時代に拡幅され、1920年代に本町通りと改称された。

図12　同じく都市計画で、まっすぐになった白金町通り（下）。「亭子脚」があるのがわかる。

近代的な都市計画を進める「市区改正」を開始した。結果、それまで曲がりくねっていた古い通りがまっすぐに拡幅された〔住所を、清の時代より使われていた「〇〇街（通り）」から、日本風の「〇〇町」へと変更する町名改正は台南で一九一六年に公布、一九年に実施された。台南の「町」は大通りを中心にそのバックヤードを含む行政区域で、現在の台湾の住所表記と同じように、実質的には通りのことを指している。したがって白金町も今の忠義路に沿って細長く（別の通りと交差するたびに凹んではふくらみ）続いていた〕。

拡幅のいっぽう、錦順興商店は敷地を後退させられ、しかも、軒下を歩行者用の通路に提供する、「亭子脚（ティンアカ）」を設ける義務があった。当時、白金町には日本人が営む商店がたくさん軒を連ね、母によれば、半分以上を占めていたそうだ。いずれも近代的な新しい業種の店で、なかにはのちに末広町へ移った「ハヤシ百貨店」や「小出商行」などの名店が含まれ、さらに郵便局の新しく巨大な建物があった。その後、一九三〇年代初頭に日本人商店の多くが末広町へ移ったあと、白金町は台湾人商店が主たる通りになった。施一族の分家後、祖父が引き継いだのはここだけで、しかも借家であった。分家前に一族で買いとる話もあったが、そのときは家主が首を縦に振らず、その後、戦争になり、家主が売る気になったころには、祖父にその経済力がなかった。

一九二〇年代末より三〇年代にかけて、世界中が大恐慌で長期不況に陥るなか、大日本帝国は積極的な海外進出を進めたものの、台湾経済は依然低迷したままだった。財産運用の才がなく、細かな損得計算も苦手だった祖父は、加えて長年、肺の病を患い、それでもタバコがやめられなかった。そんな状況で、錦順興商店の経営が好転するはずもなく、長女であり、体も丈夫だった母が学校に通いながら店を手伝い、公学校卒業後も進学せず、そのまま家の仕事を続けた。そんなふうに、一族のなかで母と同世代の娘たちは、大きいほうの三人は進学できず、中学校に通うことができたのは四人目からであった。これも伝統的な家族に萌（きざ）した時代の変化といえるだろう。

近所には少なくない日本人が暮らしていたが、錦順興商店の顧客は地元の台湾人だった。台湾式の商法は値引き交渉が当たり前で、野菜や日用品などを売る日本式の萬屋（よろずや）のような定価制ではなかった。だから、地元客には一銭、二銭とチマチマ値切られ、ときには一銭の利益しかのせていない一円の品物でさえ、高いと言われた。母はそのたびにうんざりしたし、またこの商売には未来がないと感じた。当時、日用品店は夜遅くまで店を開けなければならなかった。来るかどうかもわからないひとりかふたりの客のためにじっと店番し、夜中になってやっと店じまいすることさえあった。店は普段、母がひとりでみていた。開店と閉店のときには重たい木戸を運んで、上げ下げしなければならない。母は生母を早くに亡くし、ほかに同胞（はらから）はいなかった。祖父は後添（のちぞ）いをもらい、母が「おば」と呼んだ継母（けいぼ）は四人の弟と二人の妹を産み、母にもいじわるすることなどなかったが、それでも親子の愛情と呼べるものがあったわけではなかった。

　母はこんな一〇代を過ごし、その後の人生は——親戚が縁談を持ってきて、家柄の釣り合う小商いの店に嫁いで、家業を手伝うものと相場が決まっていた。母は身長が一六五センチあって、今どきなら珍しくもないが、七、八〇年前の少女たちのなかでは文字通り、頭抜けて背が高かった。そんな女性は、今ならファッションモデルやスポーツ選手を目指せるかもしれないが、当時は小さくて、かわいらしいことが女性に求められていた時代で、母はいつも、「嫁の貰（もら）い手がない」とからかわれていた。母はまた四角ばって、押しの強い顔をしていたから、アーホエのような控えめで女性らしい容姿にはほど遠く、伝統的に理想とされた女性像とは合致しなかった。そんな境遇から、母は劣等感を持ちつづけた。しかし、それはいつしか負けん気となって、自分の人生は自分で切り開くのだという強い気持ちを母に抱かせることとなる。

日本の婦人雑誌が開いた新しい扉

母の少女時代は、家業である日用品店の店番に明け暮れる暗澹（あんたん）たる日々だった。楽しみといえば、たまに同年代の友だちと遊ぶくらいで、行く場所もごく近所に限られていた。錦順興商店の向かいにあった荒物屋さんは、才覚ある奥さんのおかげで財産を増やし、大きな家を建てたうえに蓄音機まで持っていた。母の記憶によれば、そこの娘、アキは白金町イチの美人で、近所の少女たちのリーダー的存在だった。一九三〇年代に入り、台湾では新しい流行歌謡が生まれていた。台湾文化協会にも積極的に関わった女性歌手・林是好（りんぜこう）の「月夜愁（ゲヤーチウー）」をはじめ、「望春風（バンツンホン）」「雨夜花（ウーヤーホエ）」などが人気を集めた。母や近所の少女たちはアキの家に集い、二階から大通りに向けてレコードをかけながら、ベランダにもたれていっしょに歌った。母のいとこも、噂を聞いて蕃薯港から歌いにきたという。もっとも、彼女たちが好んだ流行歌はあまりに新しすぎて、保守的な老人たちの不興を買った。母たちはよく、「若い娘が、色気づいた歌なんか歌ってるんじゃない！」と祖父に怒鳴られた。

朝から晩まで家の商売を手伝う退屈な毎日。友だちと遊ぶ以外にもうひとつ、少女時代の母を魅了するものがあった。それは意外にも、日用品店にあるごくありふれたもの――お客さんが買った商品を入れる紙袋であった。当時、どこの商店でも、古新聞や古雑誌を自分たちで貼り合わせて紙袋にしていた（あのころビニール袋はまだなかった）。新聞・雑誌は自分たちで購読しているわけではなく、古紙業者から買ったものだが、母の目を引いたのは『主婦之友』（一八七三年三月創刊）や『婦人倶楽部』（一九二〇年一〇月創刊）といった日本の婦人雑誌で、台南に住む日本人家庭の奥さんたちが買って読んだあと、回収に出したものだった。そのなかに、洋裁のページがあったのである。

近代化の過程において、それらの雑誌は日本人女性に広く新しい時代の考え方と知識を啓蒙し、日本的な近代女性像を作り上げる大きな役割を担っていた。雑誌の内容はそれぞれでも、洋服の着こなしを手ほどきするページは必ずあった。モデルが最新のスタイルの洋服で着飾り、その写真の隣には裁断と縫製の方法や寸法を示す製図が載っていた。古雑誌のなかの上品なモデルたちと美しい洋服、そして細密な製図が、少女時代の母の心をわしづかみにした。日本語の古雑誌が、店番ばかりの憂鬱な日々を送る彼女の前に開けてくれた大きな扉。そこから見えたのは、幸せな人生への憧れであったろう。彼女は、洋裁を学ぶことを決意した。

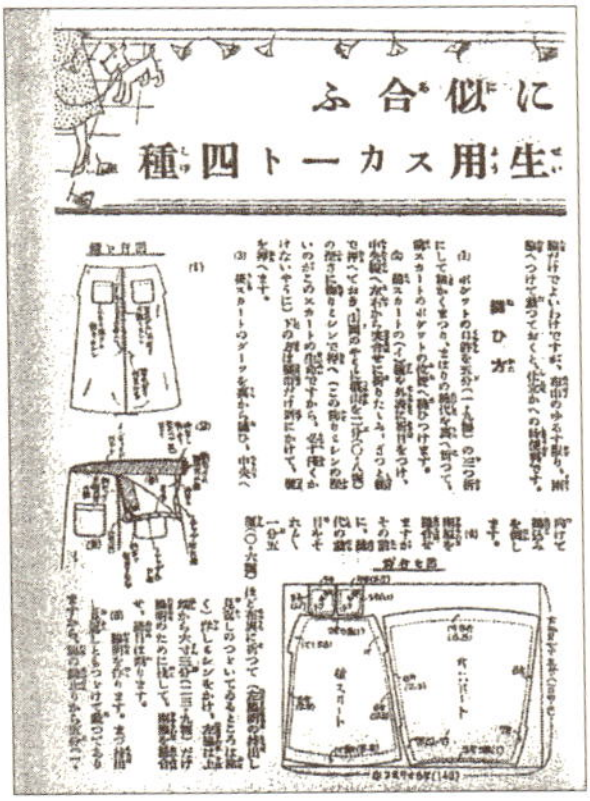

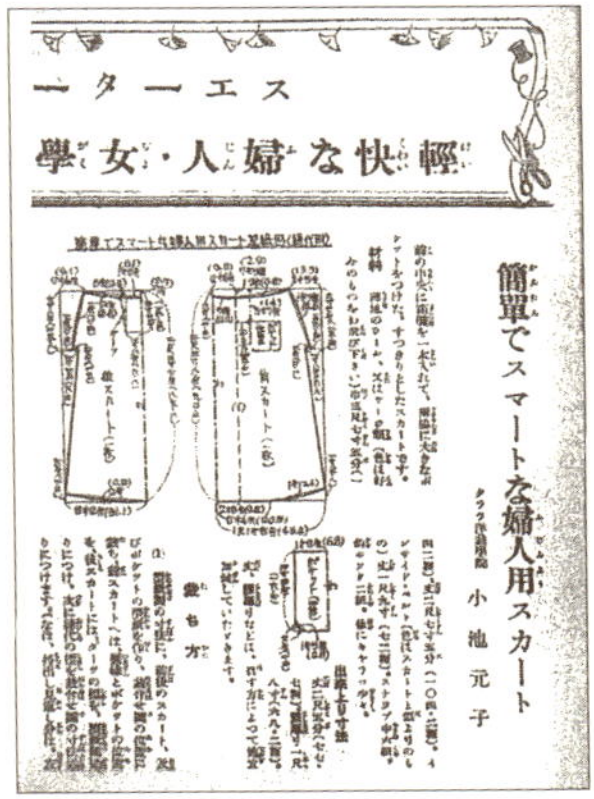

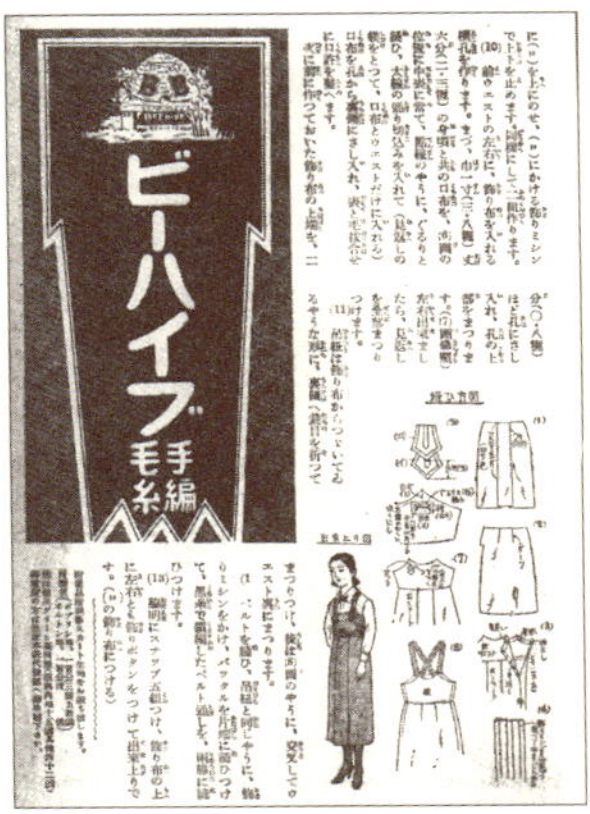

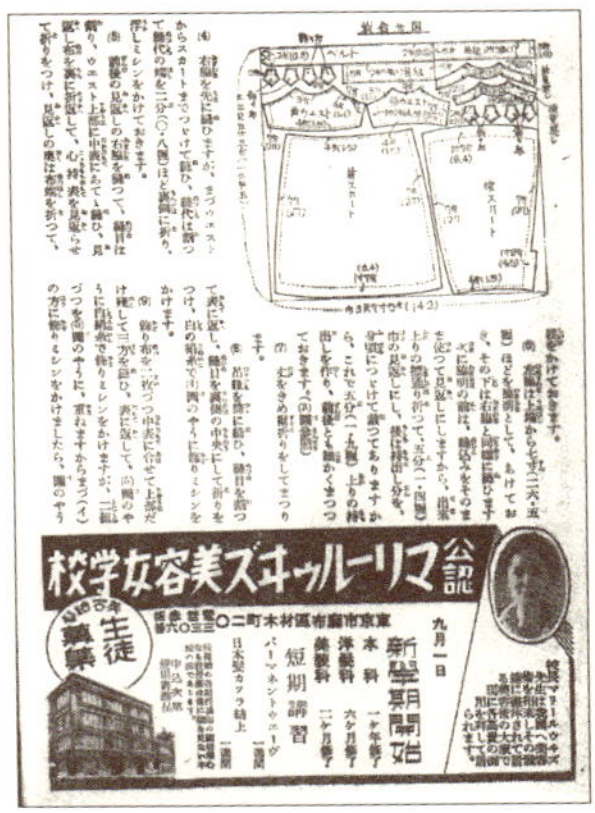

図13　『婦人倶楽部』1936年10月号より。

婦人雑誌の洋裁ページに魅了された母はすぐ、祖父に向かって、家業の手伝いをよして、洋裁の見習いに出たいと頼んだ。しかし当時、外で働く若い女性は少なかったうえ、保守的な家庭にあっては不名誉なこととされていた。当然、一族のうるさがたは認めないだろう。まして日用品店には人手が要ったのである。結局、外で働くことは許されなかったが、祖父も内心、悪い考えではないと思ったらしく、娘のために、いちばん基本的な手回しミシンを買ってくれた。不景気で日用品店の売上が伸び悩むなか、洋裁という技術があれば、きっと家計の大きな助けになるに違いない。こうして母は店番の暇な時間を利用して、雑誌を見ながら自力で洋裁の勉強を始めた。

手回しミシンを操作するときのコツは、両手の使い方にあった。動力である手回しハンドルを回しながら、もう一方の手で布を送っていかなければならないのである。ハサミや針、糸などの裁縫道具は継母が持っていたものを使った。困ったのは、説明書きの日本語である。公学校卒業レベルの日本語では全部理解することは難しく、さりとて家族に質問できる人もおらず、あたりをつけながらやっていくしかなかった。手探りでひとつひとつ問題を解決し、ともかくはいちばん簡単な服を一着作ってみたら、洋裁の基本技能は習得できた。そしてある日、屋根裏にあった風呂敷包みの中に、継母がしまいこんでいた古い布や端切れを見つけた。生地に困らなくなった母は、雑誌を見本に、自分や弟、妹たちのために簡単な洋服を何着も作った。日本語は長い試行錯誤のうちに、だんだんわかるようになっていった。

それまで彼女が着ていたのは改良型台湾服であった。当時台湾人が営んでいた市中の仕立て屋は、それしかできなかった。母が洋服を作れるようになるまで、家族はそんな昔ながらの仕立て屋に頼んでいた。一九三一年、おじが西洋風の結婚式を行い一族の少女たちに衝撃を与えたとき、参列した母が着ていた改良型台湾服はまだまだ古くさかったが、時代とともにその改良の幅は大きくなっていった。おじの結婚式から二年後の一九三三年、一六歳になった母の「成人の祝い」で、祖母が特別に、薄紫色の美しい台湾服を作ってくれたことがあった。当時上海で流行っていたという、裾がふわっと広がるスカートとチャイナドレス風の上着の鳳仙花（ほうせんか）スタイルが、母は嬉しくてたまらなかったという。

しかし母とその世代の少女たちの心を奪ったのはやはり洋服であった。店番中、紙袋に紛れこんだ洋裁という新天地を見つけたのは、成人の祝いのすぐあとのことだが、自分の服を作ることになったとき、母は当たり前のように洋服を選んだ。記憶をたどると、母が初めて完成させた洋服はブラウスとタイトスカートであった。スカートは緑地に黄色のぼかし模様が入り、ブラウスは薄い緑色だった。その出来栄えにすごく満足したことを、母はのちのちまではっきり覚えていた。もちろん日本の婦人雑誌に載っていたデザインそのままだったが、初めての洋服、しかも自分で作ったのだから、母の興奮といったらなかっただろう。

面接の日

母は店番の空き時間を使って、日本の婦人雑誌を見ながら、独学で洋裁を続けた。ひどい環境にあっても、一、二年ほど弟や妹に着せる簡単な洋服を自作していくうちに、母も自分の技術に自信を持ちはじめた。

一九三〇年代のなかごろ、台湾人女性の服飾習慣は、かつてのように一着作っては何年も着るような代わり映えのしないものではもはやなかった。伝統的な、あるいはいくらか改良を加えた台湾服を着る古い世代と違って、都市に暮らす新しい世代の女性たちは、上下ともに洋装で過ごすようになっていた。昔ながらの路地裏でひっそり営業していた伝統的な仕立て屋のほかに、洋服を作る台南人の仕立て屋が見かけられるようになり、さらに流行の最先端をいく、キラキラとまばゆいような洋装店が目抜き通り――古い通りをまっすぐに拡幅した本町通りや白金町通り、さらに近代的な商業エリアとして開発された末広町通りに誕生した。実はそれ以前から本町通りの大井頭（たいせいとう）［オランダ統治の時代より長く、商業地として栄えた地区。かつては台江内海より入港した船がここで貿易商と取り引きしたという。中心となった井戸は現在も民権路・永福路付近に残る］のあたりには、昔ながらの生地商が集中していた。それが、洋服用の新しい生地も売るようになったのである。この繊維街には、のちに「台南幫（ダイラムパン）」と呼ばれる地方財閥を裸一貫から築きあげることになる呉修斎（ごしゅうさい）と侯雨利（こうゆり）の店があった。呉一族は「新和興」という店を開き、侯一族は「新復発」「新復茂」などの四店舗を経営し、いずれも新式の生地の卸（おろし）と小売の店だった。こうして社会環境が変化するなか、洋裁は若い女性が自ら志望できる数少ない職業となっていた。

　婦人雑誌のなかで見つけた洋裁に夢中になり、自力でその練習を始めたあと、母はそんな時代の空気を感じて、市中の洋装店で働きたいと考えるようになった。もしその夢がかなえば、鬱屈した店番生活から抜け出せるばかりか、本物の洋裁技術を学ぶことができる。当時はブランドショップなどというものはなく、きれいな洋服はどれもオーダーメイドで作られていて、比較的規模の大きい洋装店が、今のブランドショップのような役割を果たしていた。台南の目抜き通りにあった大きな洋装店はどれも日本人の経営であったが、母がここぞと決めた店は日吉屋という末広町の洋装店で、当時台南でいちばん大きく、またいちばんおしゃれな店だった。

母はあらためて、外で働きたいという気持ちを祖父に告げた。祖父はただ黙って、いいとも悪いとも言わなかった。だから母はそのまま店番を続け、ときどき時間を見つけては服を作った。古雑誌をたよりに簡単なブラウスとスカートから作りはじめ、いつしか複雑なスーツまで作れるようになっていた。母はもともと頑固で、ちょっとやそっとであきらめる人間ではなかった。同じような日常が続くなか、友人のアキに頼んで、日吉屋に勤める彼女の友人に、店員の空きがないか訊いてみたりした。そのときは求人がなかったものの、しばらくしてアキが嬉しそうにやって来て、新聞に日吉屋の縫い子募集が出ていることを母に教えた。母は祖父に頼みこみ、ようやく許しを得た。母の頑張りに祖父が折れたのかもしれないし、あるいは日吉屋という有名店ならばと安心したのかもしれない。

面接の日、母は最新作のスーツに身を包み、日吉屋へ向かった。日吉屋の社長は母の着ている服が手製であるとひと目で見抜き、その場で採用を決めた。初出勤は次の日だった。その日付を母が忘れるはずもない——一九三六年五月二〇日、母は一九歳であった。ただ、祖父の弟など一族の長老たちは若い娘が外で働くことは恥ずべきことと感じていたから、許した祖父を強く責めたという。台南・五條港が繁栄していたころ、施一族の名は世に聞こえたもので、没落したといってもやはり守るべきメンツがあった。しかし祖父の経済状況はもうせっぱつまっていて、娘を外で働かせて、給料を家に入れさせなければとても首が回らない。母からすればお金などどうでもよく、洋裁の技術を学び、手に職をつけることが大事だった。

　これは、母の人生で最初の大きな決断であった。彼女はだれに何を言われようと、外で洋裁を習いたかったのだ。日用品店の品物を入れる紙袋に紛れこんだ婦人雑誌の切れ端が彼女に与えた、自立するという夢。洋装のスタイルや技術だけではない。近代女性が持つべき暮らしのなかの知識や規範というべきものさえ、彼女は婦人雑誌から学んでいった。拙(つたな)い日本語でガツガツと雑誌を読み、母は多くのことを吸収した。描かれていたのは一九三〇年代の「日本式」の近代女性像であったが、それは母に新しい世界を指し示していた。こうして母は、手に職をつけ、自活する人生のスタートラインに立った。

洋裁がくれたチャンス

母が夢中になった洋裁は、当時にあって非常に貴重なチャンスを彼女に与えた。農業社会を生きた祖父母世代の女性たちはみな、伝統的な台湾服を身につけていたし、まして外に出て働くようなことはなかった。外で金を稼ぐ女性は芝居役者か売春婦くらいしかおらず、「日銭稼ぎの女」と呼ばれた。農家の女性たちもやはり外に出て働くのだが、そこは自分たちの田畑であって、外の社会で稼ぐこととは当然区別された。女性の労働参加が可能だったのは、いち早く世界の貿易システムに組みこまれ、近代化が進んでいた製茶業と一部の軽工業だけだった。一方、古都・台南でそれなりの家庭に生まれた女性ならば、年頃になって良縁が持ちこまれるのを待っていればよかった。そこに日本植民下の近代化が始まり、台湾人女性の境遇にも少しずつ変化がもたらされた。とはいえ、公学校卒業程度の女性が選べる仕事は一九三〇年代に成長を始めた新興産業にもあまりなく、そのうち洋裁は女性が自らの意思で就くことができる数少ない業種で、ましてそれは、一生の仕事になるものであった。

一九三〇年代、洋裁という仕事は、台湾の中・下流階層にいた女性たちが自立する際の大きな受け皿となった。この状況は一九八〇年代まで続き、台湾経済がふたたび大きな変化にさらされてのち、ようやく終わりを告げた。この間、台湾の若い女性の多くが初等教育機関で学ぶようになり、さらに中・上流階層の女性は高等教育機関に進んだ。日本統治時代なら高等女学校であり、戦後の共通試験制度下にあっては大学や専門学校である。戦前には、女学校に通う女性は羨望の的であったが、さりとて卒業した彼女たちにふさわしい仕事などなかった。専門学校や医学校を経て医者になった女性はいたものの、それは麒麟の角よりまれだった。高等教育を修めた大部分の女性は、かろうじて銀行や会社の事務、経理などの一時的な仕事に就いた。「一時的」というのは、こうした高学歴の女性はおおむね裕福な家庭の出身だったから、彼女たちに金を稼がせることは、親のメンツが許さなかった。彼女たちの学歴は結局、嫁入りの箔づけでしかなく、そのおかげでよりよい条件の縁談が持ちこまれることとなった。結果、少なくない女学校出の女性が、当時の台湾社会で新たに生まれたエリートたち――医者や弁護士、牧師などに嫁ぎ、「先生の嫁」などともてはやされた。つまり、大学・専門学校を含めた高学歴の女性は、戦後になるまで自ら職業を選ぶことができなかったのだ。そんな風潮のなか、女性の学歴は、けっして外で働き自立するための武器となりえず、むしろ社会的階層の象徴としてあった。

学歴のない中・下流階層の女性が自立する条件はなお不十分であった。実際、母の就職は一族の男たちから猛反対を受けた。古い価値観に染まった彼らは、いい嫁ぎ先を見つけてやることが、娘たちにとってなによりの幸せだと考えていたわけだ。働くにしても、当時の若い女性には、洋裁や看護などごく一部の技能職を除けば、新式の店で販売員になるくらいしか道がなく、畢竟(ひっきょう)、家の商売を手伝うのと同じことだった。したがって、自ら一生の職業を見つけられる境遇の女性はきわめて少なく、洋装店で縫い子になるというのは、母にとって貴重なチャンスであった。一九三六年、母は強い決心をし、祖父はその経済的困窮から娘が外で働くことを許した。その後何年かのあいだに、母は一族や近所の若い女性に日吉屋の仕事を紹介したが（仲のよかったいとこのツァンホエもそのひとりだった）、そのときは家族から強い反対などなく、社会通念が徐々に変化していった証左といえるだろう。

少女時代、日本の婦人雑誌に出会った母の目の前で、扉が開いた。視野は広がり、希望はふくらみ、ついには自分の一生を支える職業を見つけ、その道を自ら切り開いていくこととなった。それ以降、日本風の近代女性像が母の目指すべき規範となった。着こなしや化粧の仕方だけでなく、どう人と接し、どう物を選び、さらに、どんな生活をするか……

そんな生涯を通じての基準となるセンスをそこから学んだ。それは当時、高等教育を受けた女性たちも同じだったが、ただ母は、「日本人」というアイデンティティを持ったことはなかったという。また、思い出話をする母が、日本人と自分を同一視するような態度をとることもなかった。さらにいえば、日本の近代女性像を目標として母がひたむきに前進した背景には、単親という自らの身の上に打ち勝とうとする気持ちのほかに、若かったころのある屈辱的な経験があった――

それは日本人の警官に「チャンコロ（清国奴）」と罵（ののし）られた出来事であった。その日、母は流行りの民国式チャイナドレスを着て、友人と街を歩いていただけなのに……。日本人の警官にそうやって怒鳴られる経験は、実は日本の近代教育を受けた世代に共通していた。当時、一部の日本人は台湾人を呼ぶとき、わざわざ「リーア（你仔）」となまった台湾語を使ったが、その語気には明らかな侮蔑があった。台湾語で名詞のあとに「ア（仔）」を加えるのは、状況によっては親しみを示すが、逆に見下した意味を持つことがある。そもそも、台湾人が「リー（你）」という二人称のうしろに、「ア」をつけて相手を呼ぶことはない。だから、目の前にいるものを馬鹿にするように呼びつける言い方は、当時台湾に住んでいた日本人が台湾語の用法をねじ曲げて使い、広まったのだろう。あの日の耳に突き刺さるような警官の言葉と耐えがたい屈辱を母はついに忘れることがなかった。その反面、日本の帝国意識が高まった一九三〇年代において、母に新しい希望の光を与え、人に馬鹿にされないための行動の規範となり、また同時に大きな慰めとなったのは日本の婦人雑誌であった。

洋裁を学びたい、そんな強い気持ちを胸に、母は日吉屋の門をくぐった。

図14　1935年日吉屋に入る直前の母（中央）。アキ（左）と涂明珠（右）と。撮影場所は、台南駅北側に今も残る台南公園。

1936-44

学びのころ

洋装店見習いの日々

一九三六年五月二〇日早朝、母は日吉屋へと向かった。洋装店見習いの日々がこのとき、スタートしたのである。日吉屋は旧台南城内の末広町、今の住所なら中正路の南側にあり、白金町の母の家からも、それほど遠くはなかった（図1）。錦順興商店を出て、白金町通りを南に下り、本町通り（今の民権路）と錦町通り（今の民生路）を横切っていく。途中には、新式の商店や洋風建築の郵便局が立ち並び（図3）、加えて昔ながらの天公廟［道教の最高神・玉皇上帝を祀る］、三官廟［天・地・水を司る三官大帝を祀る］、五帝廟［道教の守護神・五顕大帝を祀る］、鄭氏家廟［鄭成功を祀る廟所。一六六三年息子・鄭経が創建］などの廟所が点在し、そうこうしているうちに末広町の交差点に着く。のちにその角には、古代ギリシャ風の列柱が美しく、今では史跡として登録されている日本勧業銀行台南支店（現在は台湾土地銀行台南分行）が建つことになる。一九二〇年代、日本の植民政府は「市区改正」という新たな都市計画を推し進め、台南の城東に開設された台南駅と、城西に開削された新運河のあいだを

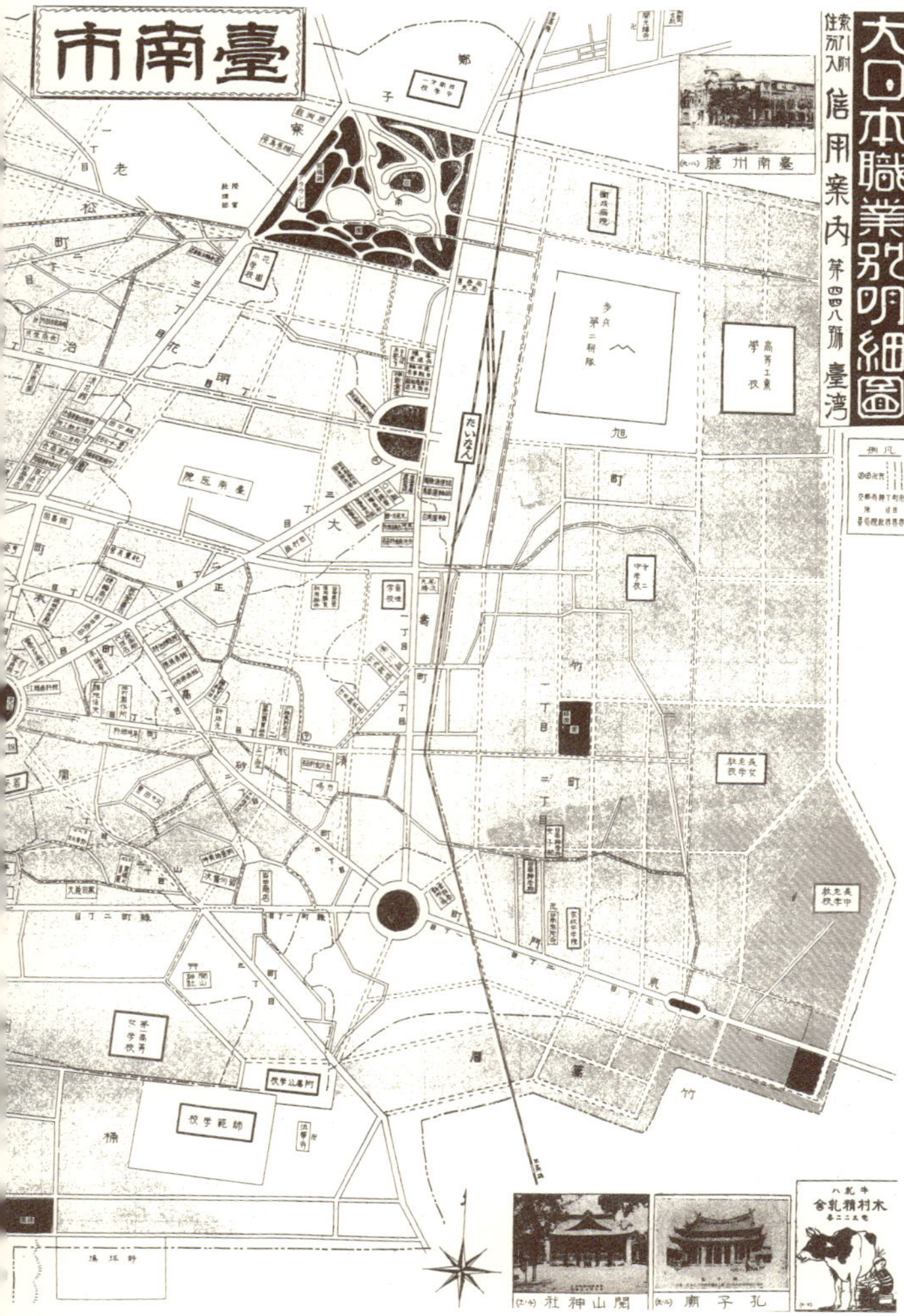

図1　「大日本職業別明細図」（1936年）。1930年代の台南市街地の商店が紹介されている。

安平港
臺南神社
臺南弥陀寺
臺南市役所
交通略図
南門小学校
末広公学校

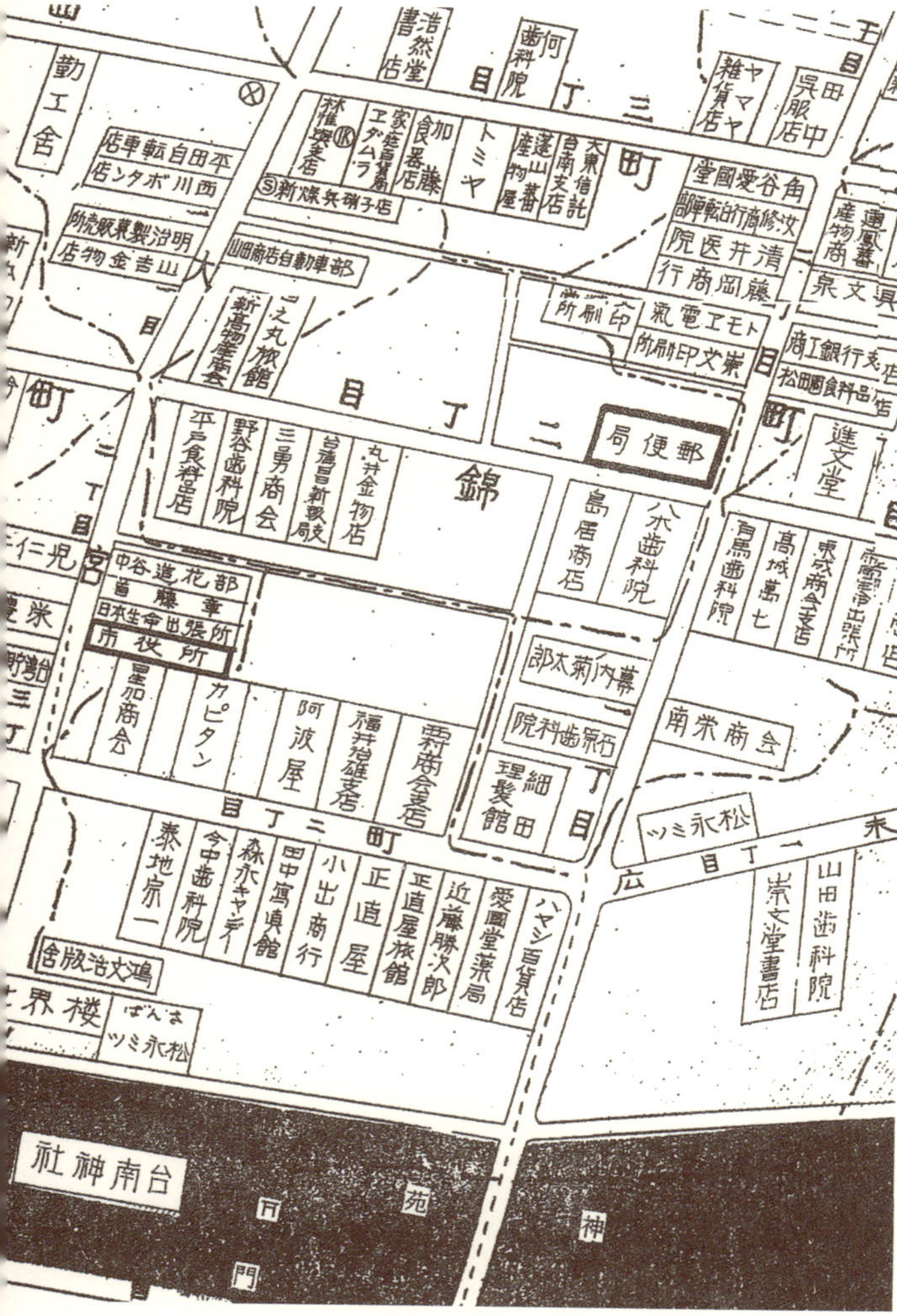

図1–2　「大日本職業別明細図」拡大図。

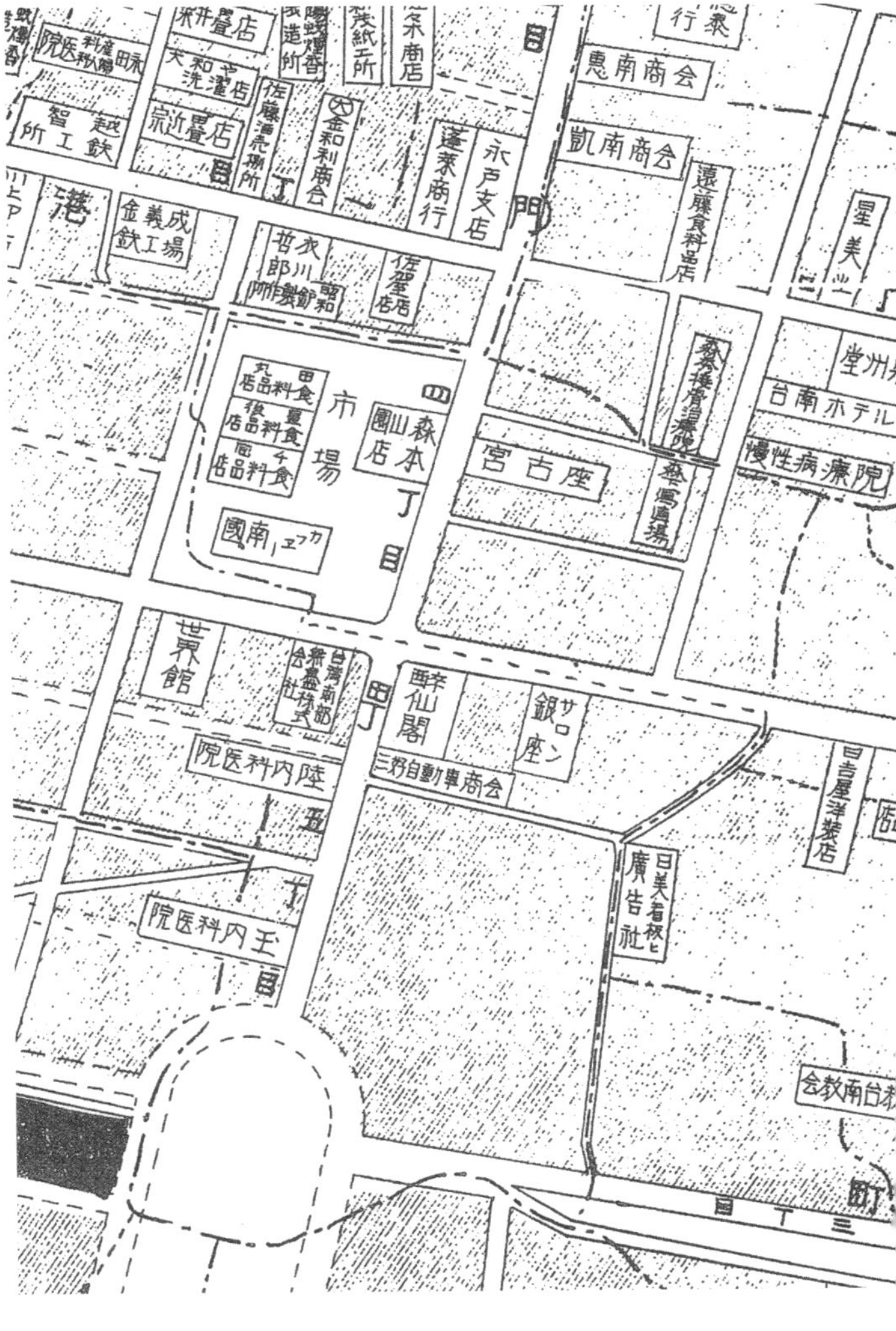
恵南商会
凱南商会
遠藤食料品店
永戸支店
蓬莱商行
金和利商会
宗近畳店
大和洗濯店
金義成鉄工場
市場
宮古座
台南ホテル
慢性病療院
世界館
酔仙閣
銀座サロン
三好自動車商会
陸内科医院
王内科医院
吉屋洋装店
台南教会

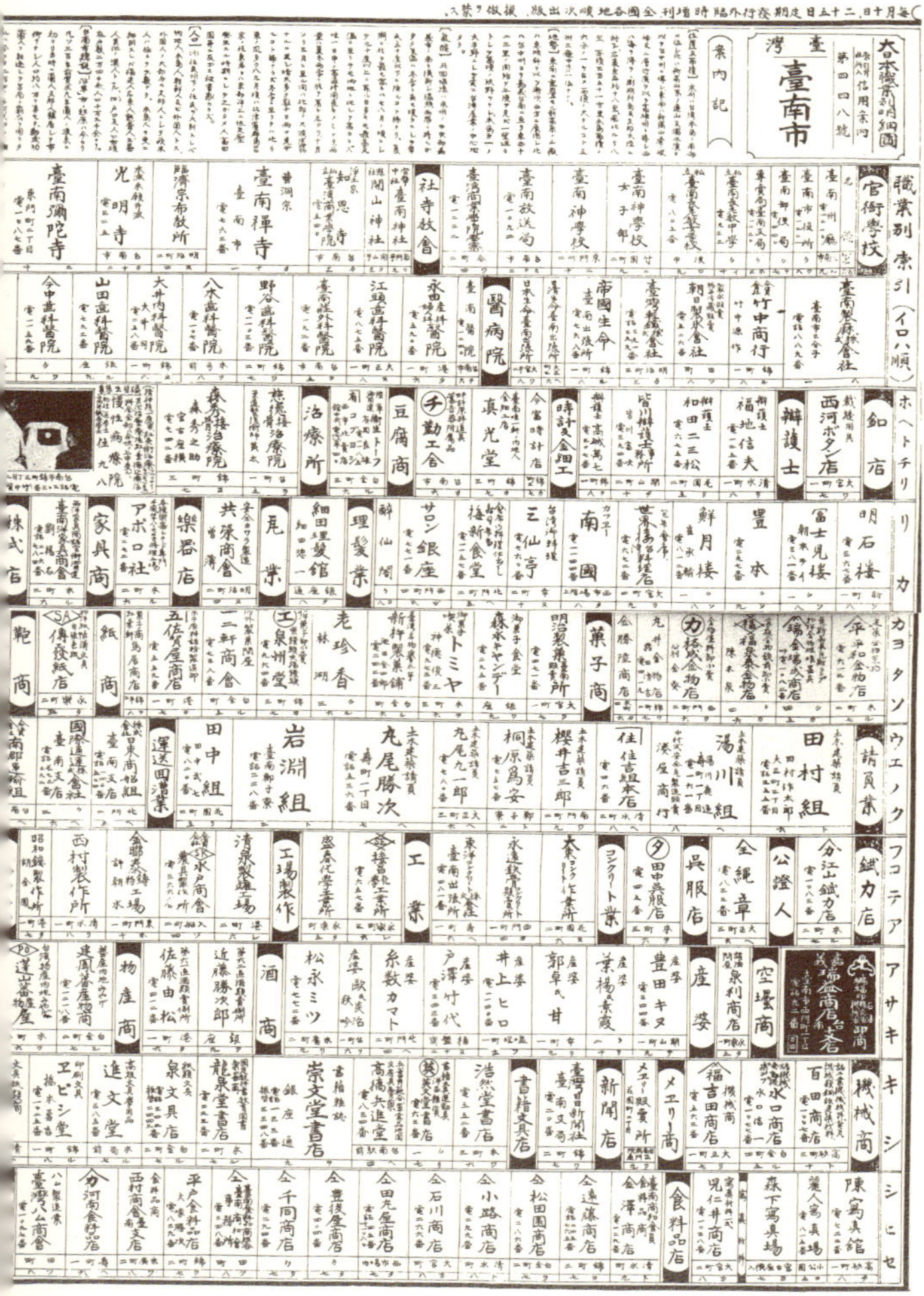
大日本職業別明細圖
臺灣
臺南市
案内記
職業別索引（イロハ順）
官衙學校
社寺教會
醫病院
時計貴金細工
辯護士
釦店
治療所
豆腐商
理髪業
瓦業
樂器店
家具商
株式店
菓子商
鞄商
紙商
運送回漕業
請負業
工場製作
工業
コンクリート業
呉服店
公證人
鐵力店
酒商
物産商
産婆
空壜商
書籍文具店
新聞店
メエリー商
機械商
食料品店

図2　「大日本職業別明細図」裏面の索引を見ると、「洋装店」は日吉屋しか掲載されていない。

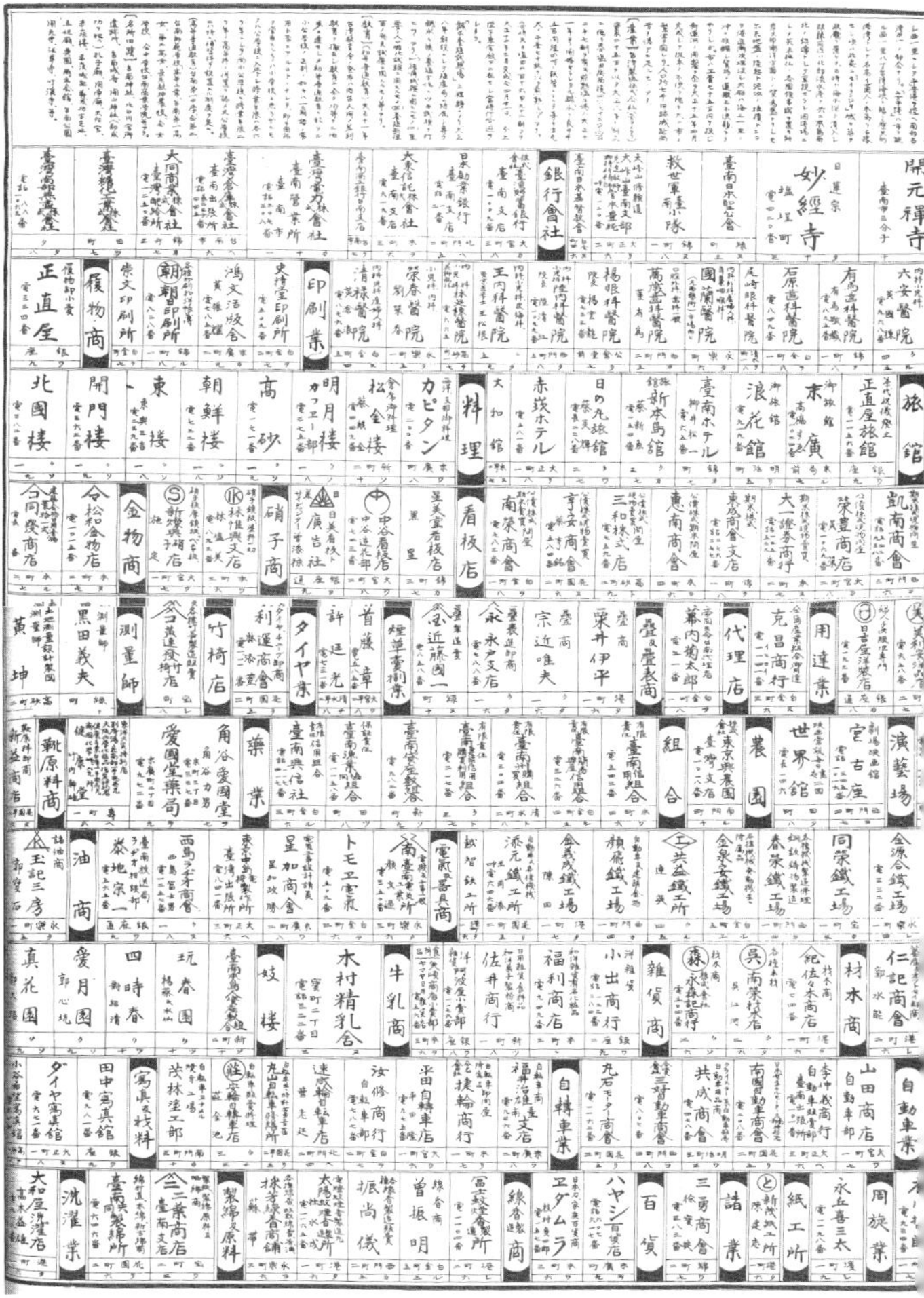

開元禪寺
日蓮宗 妙經寺
臺南日本基督教會
救世軍臺南小隊
銀行會社
臺灣商工銀行 臺南支店
日本勸業銀行 臺南支店
大東信託株式會社 臺南支店
臺灣電力株式會社 臺南營業所
臺灣倉庫株式會社 臺南出張所
大同商業株式會社
六安醫院
有馬齒科醫院
石原齒科醫院
尾崎眼科醫院
國滿醫院
萬慶齒科醫院
揚眼科醫院
內科 陸內科醫院
王內科醫院
林眼科醫院
榮春醫院
清祿醫院
印刷業
大精堂印刷所
鴻文活版舍
朝朝印刷所
崇文印刷所
履物商
正直屋
旅館
正直屋旅館
末廣
浪花館
臺南ホテル
新本島館
日の丸旅館
赤嵌ホテル
大和館
料理
カピタン
松金樓
明月樓
高砂
朝鮮樓
東樓
開門樓
北國樓
凱南商會
榮豐商店
大一證券商行
東成商會支店
惠南商會
三和株式店
亨安商會
南榮商會
看板店
星美堂看板店
中谷看板店
廣告社
硝子商
林恒興支店
新煥興硝店
金物商
松和金物店
合同發商店
美利安
日吉屋洋服店
用達業
克昌商行
代理店
幕内菊太郎
疊及疊表商
栗井伊平
宗近唯夫
永戶支店
近藤國一
煙草賣捌業
首藤一幸
許廷光
タイヤ業
利運商會
竹椅店
茂發竹椅店
測量師
黑田義夫
黃坤
演藝場
宮古座
世界館
農園
臺灣支店
組合
臺南信用組合
臺南興信社
藥業
角谷愛國堂
愛國堂藥局
靴原料商
新益商店
金源合鐵工場
同榮鐵工場
春榮鐵工場
金泉發鐵工場
共益鐵工場
賴慶鐵工場
金義成鐵工場
添元鐵工所
越智鉄工所
電氣器具商
臺南電氣商會
トモエ電氣
星加商會
臺灣出版所
西島ラヂオ商會
蔡地宗一
油商
王記三房
仁記商會
材木商
佐々木商店
吳南榮材木店
永森記商行
雜貨商
小出商行
福利商店
佐井商行
阿波屋小売部
牛乳商
木村精乳舍
妓樓
玩春園
四時春
愛月園
真花園
自動車業
山田商店
李中義商行
南國自動車商會
共成商會
三協自動車商會
丸石モータ商會
自轉車業
福井商會支店
捷輪商行
平田自轉車店
汝修商行
速成輪自轉車店
丸山自轉車商會
寫真及材料
田中寫真館
ダイヤ寫真館
周旋業
永丘喜三太
紙工所
新成紙工所
請業
三勇商會
百貨
ハヤシ百貨店
ヱダムラ
線香製造商
富士線香製造所
曾振明
振尚儀
林茂線香商舖
大陽線香商舖
製綿及原料
二葉商店
臺南製綿所
洗濯業
大和屋洗濯店

つなぐ当時最大の道路を新しく拓いた。旧台南城の古い通りや家々のど真ん中を東西に貫く近代的な道路は、大正公園のロータリーを境に、東半分が大正町通り、西半分が末広町通りと名づけられた（それぞれ今の中山路と中正路）。合計七本の道路をつなぐロータリーの西南角には、台南州庁（現在は国立台湾文学館）があった。

一九三〇年代初頭、末広町は台南でもっともモダンで、ファッショナブルな通りとなった。路肩には優雅な街灯と南国の風に揺れる椰子の木が交互に配置され、左右に新しい建築様式の店が並んだ。店舗のある一階は軒下に日除け、雨除けの歩道となる「亭子脚」が設けられ、二階より上の住宅部分が道路までせり出している。当時この目貫き通りは、「台南銀座」と呼ばれた（図5-7）。帝国の都たる東京の本家と比べれば二回りも三回りも小さいが、その後光をお借りしたというわけだ。すると、白金町にあった日本人経営の商店はこぞって「銀座」へと移転していき、空になった高級店舗に台湾人が入居して商売を始めた。白金町通りと末広町通りがぶつかる交差点の西南角には、当時台湾で一、二を争う巨大な建造物、ハヤシ百貨店があった。この台南でいちばん高いビルの前を右へ曲がって、下り坂を歩いていき、大宮町通り（今の永福路）を過ぎたらそこが日吉屋だった。最初の出勤日から数年にわたって、母は毎朝このルートで通勤した。

図3　台南州庁から安平方向をのぞむ。当時の一般の建物がほとんど平屋だったことがわかる。左端に白金町の郵便局が見える。
図4　新しく造られた大正公園と台南公会堂［いずれも1916年ごろの撮影と思われる］。

五条港（ごじょうこう）の昔ながらのコミュニティに生まれた母が、自作の洋服を着て、こうして近代的な街並みを眺めながら通勤したわけである。古びた日用品店から足を踏み出し、新旧の商店が立ち並ぶ白金町を過ぎれば、当時最先端の繁華街であった末広町に入る。モダンでハイセンスな商店や喫茶店を横目にさらに歩くと、母がずっと憧れつづけた日吉屋がある。母は見習いからの入店であったし、最初の二ヶ月は試用期間で給料がなかった。とはいえ、これこそが彼女の一生の職業となる洋裁の道の第一歩であった。

面接で母は、自ら仕立てた洋服によって自分の技術を証明し、採用を勝ちとった。ところが初出勤の日、母は大きな不安を感じていた。なぜなら、家では手回しミシンをすっかり使いこなしていたが、面接の日、日吉屋で目にしたのが足踏みミシンだったからだ。そんな高級なミシンはそれまで触ったこともなかった。うまく操作できず、恥をかくのではないかと内心ビクビクしていたというが、幸い、最初に与えられた仕事は、日本式の布団カバーを二〇枚縫うことだった。母はほっと胸をなでおろした。一直線に縫う布団カバーは、洋服のように複雑ではないし、足踏みミシンに慣れるちょうどいい練習になった。もともと左右の手で、布の送りと針の運びを分担していたものを、今度は手と足で分担する。

図５　1927年に開通した末広町通り（上）。1932年完成の新しい商店建築が軒を連ねた。右手奥のいちばん高い建物がハヤシ百貨店。
図６　ハヤシ百貨店（下）は1932年12月５日開業で、創業者は林方一（日本人）。売場は１階が食品・履物・化粧品、２階が洋品、３階が呉服・生地、４階が文具・玩具と和食堂、５階が洋食堂と喫茶室であった。空襲を受け、戦後は空軍などに流用されたのち、長く放置されていたが、2014年、商業施設としてよみがえった。林は馬場徳次郎が経営する「日吉屋呉服店」で商売を学んだという。写真は陳柔縉『台湾西方文明初体験』より。

図7　末広町銀座を西から撮影したもの。ハヤシ百貨店を起点として通りの両側に西へと続く三階建ての店舗兼住宅が並ぶ。右手中ほどにある5階建ての建物が舶来雑貨や書籍・文具、スポーツ用品を扱う「小出商行」。

両足または片足でペダルを踏んで動力を伝え、針を上下に動かし、縫い目を重ねていく。両手が空いたので、より正確に布を送り、まっすぐな縫い目が出せた。二〇枚の布団カバーが出来上がるころ、母は足踏みミシンの基本をすっかりマスターしていた。

日吉屋は、若い日本人夫婦が切り盛りする店で、当時のほかの洋装店と同様に、お客さんの依頼で服を仕立てる以外に、生地も売った。またスタイルブックと布見本を持った店員が、あちこちへ飛びこみで営業した。だから店には洋裁師と縫い子以外に営業マンが数人いて、彼らがみな男性だったのに対し、縫い子はほぼ全員が女性だった。また営業マンは正社員で昼ごはんが出たが、縫い子は自分で準備しなければならなかった。母の弁当はいつも、家族のだれかが昼前に持ってきてくれた。若くて、気質のおだやかな社長は、日本の専門学校を卒業したあと、台南に戻って父の店を継いだのだという。そしてそのとき、いかにも日本風の奥ゆかしい夫人を連れて帰ってきた。母が働きはじめたのは、ちょうどふたりに子どもが生まれたばかりのころだった（図8）。

日吉屋の一階にあった店舗には、洋服と布が陳列してあり、接客室も兼ねていた。客はここで生地を選び、洋裁師とデザインについて相談し、採寸や試着も同じ一階で行った。社長一家は二、三階に住み、縫い子たちの作業場は軒続きの隣家の二階にあり、階段を下

図8　1937年の元日（新暦）に日吉屋前で撮影された記念写真（上）。社長と、子どもを膝にのせた奥さんが前列真ん中に座っている。中列いちばん右が高さん、その前が母。最後列の男性は営業マン。
図9　1938年の元日に日吉屋で社長に挨拶をする縫い子たち（下）。後列左端が母、前列真ん中がアーホエ。

りずともドアを開ければ行き来できた。母は毎日ここで仕事をした。ミシンと作業机がずらりと並んだ仕事場では、十数人の縫い子がすし詰めになって働いていた。当時、三〇日まであって忙しい大の月は第二、第四日曜しか休めず、奇数週はずっと出勤だった。しかも毎日家で晩ごはんをすませたあとも、仕事場に戻って残業した。

日吉屋の社長は洋裁ができるわけではなく、経営に専念していた。だから、デザイン、裁断、さらに縫製の差配はすべて洋裁師にまかせた。店には三人の洋裁師がいて、ひとりは高(こう)という台南の男性で、ほかに日本人女性の洋裁師がふたりいた。地元台南で洋裁を習得した高さんは、日吉屋でいちばん腕がよく、そのため原則として彼が仕事を割りふった。縫い子の技術とそのスピードを把握したうえで、だれにどの服を縫製させるかを決めるのだ。

母は数年来の自習のおかげで、基礎がしっかりできていたし、加えて、技術をもっと学びたいという情熱と貪欲さがあったから、日吉屋に来てからの技術向上はめざましかった。二ヶ月の試用期間のうちに母は布団カバーを完成させ、するとまた奥さんから自宅用の子ども服を頼まれ、期日どおりに終わらせた。本来給料のない試用期間だったが、社長は奨励の気持ちもこめ、縫い子のほぼ一ヶ月分の給料にあたる二〇円を母に与えた。

もっとも縫い子の給料は、縫った点数で決まる歩合制だった。しかも、単価には差があり、複雑な作業を要するスーツと簡単なシャツでは当然報酬が違った。畢竟(ひっきょう)、洋裁は手作業であって、多く作れば多くお金をもらえるし、さらに技術のよしあしで毎月の給料は上下した。技術が確かなら単価の高い注文を受け持つことができたが、その差配はいずれも洋裁師がした。とりわけ高さんの権限は大きく、加えてお客さんの要望が強い影響力を持った。そんな厳しい競争のなか、母は自らの技術をたよりに頭角を現していった。

母が思い出すには、高さんは母にとくに目をかけてくれ、その技術を惜しみなく伝えようとしてくれたという。あるときなど、急ぎの仕事を教えながらいっしょに作業をした。高さんが右身頃を作るのを見ながら、左身頃を作るなどして、母は洋裁技術をどんどん学び取っていき、習熟は速かった。

母が日吉屋で仕事をするようになって数年経ったころ、高さんは休職し、服飾デザインを学ぶために日本へ渡った。そして台南に戻ると、自ら「洋裁研究所」を設立した。日本統治時代、正式な教育制度外の、社会人に対して技能を教授する職業学校はどれも「研究所」と呼ばれた。高さんが開校したのも、日本で学んだ洋裁技術を伝えるための職業学校で、母も少し習いに行ったという。高さんが辞めたあと、日吉屋では高さんの弟がその仕事を継いだが、技術は兄に遠く及ばなかった。

高さんが日本で洋裁を学んでいるあいだ、手のかかるスーツなどはどれも母に割りふられた。日本人洋裁師の指示だったが、これは同僚のあいだでかなりの嫉妬を買った。その代わり給料は大きく増え、母によれば、いちばんいい月で四〇円もらったそうだ。その何年か前に高等商業学校を卒業したおじは、専売局で五〇円ほどの月給を取っていたというから、母の頑張りがよくわかる。給料は全額祖父に渡し、家計にとって大きな助けとなった。だから祖父も娘が外で働くことに納得し、ただやはり心配だったらしく、娘の弁当を届けるのはほとんど毎日、祖父だった。

高さんの恩を、母はずっと忘れることがなかった。一方で高さんは、部下に対する以上の感情を持っていたらしく、実際、人を介して縁談を申しこんできたことがあったという。しかし祖父はそれを断り、母に知らされたのも数年後のことだった。夢中で洋裁の勉強に打ちこむ母に、高さんの気持ちを察する余裕はなかったのだろう。一九三六年、日吉屋で働きはじめたとき、母は数えで一九歳、満一七歳だった。

純粋な母は一心不乱に洋裁を学び、家族のために稼いだ。だから青春期にあるべきロマ

図10　「装苑」1938年３月号、４月号、
７月号、10月号、11月号、1939年５月号。

ンスにはまるで興味がなかった。この数年間で、母の技術はぐんと伸びた。日吉屋は、洋裁師から技術を学べるうえ、最新の流行にも触れられる場所であった。店には洋裁の製図集が豊富にあり、しかもそれは、母がかつて店番しながら見ていた『主婦之友』のような限られたページ数のものでなく、『装苑』のような洋裁専門誌だった（図10）。そんな修業のすえ、母の技術はもはや「免許皆伝」レベルに達していた。

洋装店で働く若者たちは、だいたい中・下流階層出身で学歴もなく、母によれば、十数人ほどいた縫い子のなかで、公学校卒より高い学歴を持つものはひとりかふたりだったという。ただ、この職場はまるで中学校のように、若い彼女たちに近代という時代の新しさを感じさせる場となり、本来は学校でしか味わえないであろう進取の気風と自由の喜びに満ち満ちていた。彼女たちの目に映るもの、そして手のなかにあるものはどれも、当時最先端のファッションであった。だから彼女たちはそれを真似て、できるかぎり最新のおしゃれを実践しようと、自作のきれいな洋服を身にまとい、流行りの帽子を頭に載せ、足元には最新式のパンプスを履いて出かけた。たとえば新暦の元日に店員総出で行う新年の礼拝、あるいは休みの日に誘いあっての「銀ブラ」やピクニック、それから安平（あんぴん）への海水浴……。いろんなスタイルを試したが、和服だけは高くて買えなかった。それでも母たち

図11　1937年、写真館でチャイナドレスを着て。

は写真館で貸衣装を借り、着物姿の記念写真を撮った。一方で、日本人警官の目を盗んで、当時流行していたチャイナドレスを着た。つまり日吉屋で働くような縫い子たちは、台南のファッションリーダーでもあったわけだ。

　そんな気風もあって、仲間内の色恋沙汰や男女間のトラブルは当然あった。彼女たちの両親世代にはきっと、想像もつかないことだっただろう。真面目一本で仕事をしていた母でさえ、やはりこの青春期の諍（いさか）いに巻きこまれた。母は仲のいい同僚の恋愛トラブルに助太刀し、ただ真っ当な意見を述べただけだったのに、それが仇（あだ）となって、当時仕事の差配をしていた高さんの弟に嫌われ、その日以降、仕事を割りふられなくなってしまった。母は憤り、店を辞める決心をした。若くて、鼻っ柱が強かった母は、仕事がなかったその数日間、西門町（今の西門路）の「宮古座」でずっと映画を観ていたという。洋裁師と縫い子の板挟みになった日吉屋の社長だったが、立場上、縫い子を犠牲にするよりほかなく、母の退職を許した。そのとき、一九三九年。母が日吉屋で仕事を始めて、四年目のことだった。家に戻ることになっても、母に不安はなかった。ひとりでやっていけることは、自分がだれよりわかっていた。日吉屋を離れたことで、母の洋裁人生はさらに大きく広がっていくことになる。

図12　1937年、台南郊外にて（上）。
図13　1939年、孔子廟にて（下）。日吉屋でいっしょに働いたツァンホエたちと。

もっと上を目指したい――日本へ

日吉屋を辞めたあと、祖父は母に何も言わなかった。あるいは、同じ仕事なら外で働くより家にいるほうがいいと考えたのかもしれない。のちに有名な台湾語歌手となる文夏（ぶんか）の家は当時本町で「文化洋装店」を営んでいた。白金町の金銀店の出であった文夏の母は、さっそく母に、うちで洋裁師をやらないかと声をかけた。しかし母は「自分で食べていく」ことに決めていたから、だれかの下で働く気にはなれなかった。馴染み客は人づてに家を探しあて、やっぱり母に仕立てを頼んだ。とはいえ、いまや母は丸腰同然で、新しい仕事場に足踏みミシンを買う余裕すらなかった。幸い、親戚のところにあった一台を借りることができ、祖父は金策に走らなくてもすんだ。

その親戚とは祖父の弟（九男）の妻で、非常に開明的な女性だった。もっとも当人は、やっぱり台湾服を着て、洋裁はできなかった。彼女の娘が、母よりひとつ年下のアーホエで、公学校の成績がよく、担任の先生――台南の著名な文化人で、戦後は作詞家にもなった許丙丁（きょへいてい）――が、わざわざ家に来て進学を勧めるほどだった。祖父の弟は経済的に困っていたわけではないが、それでも首を縦に振らず、母と同じように家業の手伝いをさせた。

図14　1939年、着飾ってハイキングへ。

弟は分家のときに西門町の日用品店を与えられ、一族ではそれを「新店（シンディアム）」と呼び、祖父の古い店と区別した。アーホエは店の手伝いをしながら、毎日楽しそうに洋装店に出勤していく母を見てうらやましく、日吉屋の仕事を紹介してくれと頼んだ。アーホエの家族はやはり不賛成だったが、最後は母が説き伏せた。ミシンはつまり、そのとき買ったものだった。ただ、アーホエが日吉屋で一年ほど働いたころ、親が縁談を決めてきて、彼女は同じ旧台南城に住む裕福な米商人・頼（らい）家へと嫁いだ。当然、日吉屋を辞めることとなり、嫁入り道具は新しくあつらえたから、ミシンは母が借りに行くまでそこに残されていた。

　このころ日本の戦時体制の強化により台湾経済が萎縮したことで、錦順興商店は商売が立ちゆかなくなり、仕入先への未払いが続いていた。母の退職後、祖父は日用品店の左半分を空け、母の洋裁店にすることに決めた。洋裁店と日用品店がひとつの店舗を分けて使い、真ん中の仕切りさえなかった。母は、半分きりの店の入り口にボディ（人台）を出し、作りたての服を着せて、看板がわりにした。作業台とミシンは奥に置いた。これは、母にとって最初の自分専用の仕事場であった。みすぼらしくとも、ここそが彼女のスタート台となったのだ。洋裁師としてお客さんの服を作ることから始め、やがて生徒を募って洋裁教室を開く。それがのちの、洋裁学校経営へとつながることになる。一九三九年末、母

図15　1930年代台南郊外での１枚。

はまだ二一歳だった。

母は一生懸命働いた。稼ぎは、洋装店で雇われていたころよりずっと多くなった。ただしそのほとんどは祖父に渡し、日用品店の損失穴埋めと幼い弟妹の生活費に使われた。しかし、日用品店の商売はついぞ上向かず、もともと体が弱っていた祖父は一九四〇年の春、風邪をこじらせたすえ、肺炎で亡くなった。薬局の店員をしていた母の弟がやむを得ず日用品店を継いだが、仕入先からは厳しい支払いの催促にあい、あまつさえ掛取引が許されなくなった。だから母は、祖父の残した四、五〇〇〇円の借金返済と仕入れの現金を作るため、死にものぐるいで働きつづけた。

祖父が亡くなったのは、母が洋裁を仕事にして四年あまりが経ったころだった。洋裁師として自活はできていたものの、家族の一員としてまだまだ生活費を稼ぐ必要があった。年の変わらぬいとこたちはみな嫁に行ったが、母の見立てでは、自分の学歴と技術レベルでは食べていくのがやっとで、家族を養うことを考えると結婚など夢のまた夢だった。ただ、かわいがってくれた父を亡くして、深い悲しみを感じると同時に、自由が与えられたこともまた事実であった。人生の可能性を広げるため、洋裁の技術をさらに向上させたい。

図16-17　1940年、安平に海水浴へ。日吉屋の仲間たちと。

彼女がそれまで習得したレベルでは、洋裁専門誌などに載っている製図をまるまる写して作ることしかできず、袖口（そでぐち）や襟（えり）に飾りを付け加えるのが関の山。自分で創意工夫するなどどだい無理であった。そのころ台南にいた洋裁師たちも基本的には製図のまま裁断・縫製するだけで、まして服飾デザインを教えるものなどいなかった。その弱点を補うべく、母は日本で服飾デザインを学ぶことを思い立った。日吉屋で師事していた高さんと同じように、美的センスと独創性を高めるために——

母はせっかちだし、若いときはかなり度胸が据わっていた。服飾デザインを学ぶために日本に行くと決めたが早いか、あっという間にお金を工面し、祖父が死んだ年の一二月にはもう出発していた。台湾から日本へ行くのに、当時は特別な手続きなど不要で、船の切符を買うだけで行けた。ただ、日本でどの洋裁学校に通うかなどは事前に手配することができなかったので、新学期がいつ始まるかをだいたい把握したうえでの出たとこ勝負であった。母の記憶によると、切符は、例の専売局で仕事をしていたおじに頼んで買ってきてもらったという。綴り式で、値段は三二円。小冊子みたいなそれは、台南駅から基隆（キールン）駅までの鉄道、基隆港から九州の門司港までの船、そこから東京市内までの鉄道の切符がセットになっていて、経由地に着くたびに一枚もぎられた。日本へ向かう母の荷物は冬服二着と夏服用の生地だけで、しかももう一着は道中、身につけていた。それから、出発前の何ヶ月かで貯めた二〇〇円を、日本円に換えて生活費とした。母によれば、当時台湾の円（台湾銀行券）と日本の円（日本銀行券）はレートが一対一で、貨幣価値は同等でも日本では使えず、日本円に兌換する必要があったらしい。

　東京という大都会に身寄りはなかったが、幸い、公学校時代の同級生である涂明珠と事前に連絡がつき、駅まで迎えに来てくれることとなった。母が「アズ」と呼ぶ、この少女時代の親友は、台南高等女学校を卒業したあと東京に出て、薬剤師になるため専門学校に通っていた。母は汽車から降りると、貰った手紙に書かれたとおりプラットホームから一歩も動かず立っていた。すると約束どおり、明珠はすぐに現れた。

　夫を早く亡くした明珠の母は、白金町でも有名な産婆で、さばさばした性格もあって街中の人びとにタカラ姉さんと呼ばれ、親しまれていた。しかも彼女は、職業訓練と試験を経て免許を取得した近代的な産婆であり、当時としては数少ない自立した女性として母も憧れを抱いていた。日本統治時代の出産と助産の歴史をまとめた、洪有錫の著作『先生媽、産婆与婦産科医師（医者の母、産婆と産婦人科医）』によれば、一九三七年当時の台北の産婆は、最高で月に二五〇円の収入があったそうで、彼女ほどの人気ならば、台北ほどでないにせよ、それ相応の収入があったに違いない。

タカラ姉さんは、女性の自立も応援した。明珠を高等女学校に通わせ、さらに東京で薬剤師の勉強をすることを許したのも彼女だった。のちに、明珠は日本で学業を修めて台南に戻り、錦順興商店の斜め向かいに住む、黄金漢（こうきんかん）という医者に嫁いだ。黄医師は彼女の父の同級生だった。結婚後も明珠は黄医院の薬剤部門を切り盛りし、「先生の嫁」でありながら、自分が学んだことを存分に活かすことになる。

一九四〇年の年の瀬、東京駅に降り立った母は、明珠の案内で複雑な市電を乗り継ぎ、四谷の下宿にたどり着いた。四畳半の部屋は、一角を間仕切って台所にしていたためなお狭かった。明珠の勉強机が壁際にあって、真ん中に置いた四角いちゃぶ台は、寝るときに端へ片付けなければならない。同郷の若いふたりはこの小さな部屋で寝食をともにした。食事は節約のため自炊。家賃と食費、雑費は折半と、まさに清貧の留学生活を送ることとなった。

翌日より、明珠と母は洋裁学校を探しに出かけた。条件は服飾デザインの課程があることと、母の学歴でも入学できること。日吉屋の仕事で日本人に接した経験と日本の婦人雑誌から吸収した語彙のおかげで、母の日本語はかなり流暢になっていた。いくつか問い合わせた学校のうち、彼女が気に入ったのは渋谷近辺にあり、ちょうど生徒を募集していた「東京洋裁技藝学院」であった（図18）。

当時東京でもっとも有名な服飾学校は「文化服装学院」（一九二三年創立）で、この学校は有名な洋裁専門誌『装苑』を出版していた。しかし学費が高いうえに、高等女学校卒でないと入れなかった。母が見つけた東京洋裁技藝学院は、学費が比較的安かっただけでなく、小学校卒の学歴と実務経験で入学できた。母は洋裁の基本技術を身につけていただけでなく、すでに免状レベルといってよく、したがって学校も午前と午後のコースに同時に通うことを許した。これで半年で一年分の課程を修了でき、半年分の生活費を浮かすことができる。また、当時の日本語で「裁断科」と呼ばれた服飾デザインクラスだったから、授業では頭にあるアイデアとコンセプトをどう製図するか、あるいはすでにあるデザインにどうバリエーションを加えるかを学ぶ。つまり実際に洋服を作る必要がなく、材料費の心配もなかった。もっとも、下宿にミシンなどなかったのだが。

母の記憶によれば、新学期が始まってから毎日、弁当を持って朝いちばんに家を出、合計一時間以上かけて学校に通った。下宿から四谷の停留所まで徒歩二〇分。乗り換えを含め二〇分以上市電に揺られ、渋谷に到着すると、そこからさらに二〇分近く歩いてやっと学校に着いた。東京のラッシュの人混みはすさまじく、また人びとの歩く速度も尋常でなく、万事のんびりした台南からやって来た母は、いつも人にはじき飛ばされんばかりであった。あるときには、市電に乗ろうと急いでいた男が、地面のぬかるみに足をとられ転ぶのを目撃した。それでも男は起きあがっては転び、転んではまた立ちあがりを繰り返し、その果敢さに唖然としたことを、母は覚えていた。毎日朝早く出かけ、夜遅く帰り、夜はちゃぶ台で「宿題」をする。それでも週末ともなれば、明珠といっしょに東京の街をぶらついた。大きな百貨店でウィンドウショッピングをして、華やかで多彩な品物に目を奪われた。そういえば花見にも行った。明珠と見た桜はもう散り際だったけれど、あの素晴らしい風景は今でも脳裏に焼きついていると、母はよく話してくれた。

卒業間近になった初夏のころ、母は台南から持ってきた夏服用の生地を取り出し、自らデザインして裁断したあと、日本人の同級生の家でミシンを借り、ワンピースを縫い上げた。夏を迎える準備が間に合ったわけだ。忙しく充実した日々を送り、裁断科のコースは予定どおり半年で修了した。母が言うには、そこで学んだデザインのバリエーションのつけ方やコツは一生ものの土台となり、その後もいろんなアイデアを生み出してくれた。

同級生には台湾人がもうひとりいて、日本人の同級生たちも多くは東京人ではなく、勉強に出てきた地方出身者だった。彼女たちも母と同じように、早く修了するため午前と午後のコースを同時に履修していた。裁断科の卒業写真で、日本の学生はその多くが和服で盛装している。母が着ているのはもちろん台湾から着ていったスーツである。別の記念写真では、母と仲良しの同級生たちが、校舎外の階段で並んでポーズをとっているが、こちらはほとんどみな洋服を着ている（図19-20）。

図18 『婦人倶楽部』1934年７月号掲載の広告では東京洋裁技藝学院は品川区下大崎にある。

留学を終えたあと、母は、東京に残って仕事をするつもりだった。女性の帽子の作り方を習得したかったのである。洋装のモードを語るうえで、東京は紛れもなく帝国の中心であり、各地の若者がここで自分の腕を磨きたがった。しかし母の計画は実現しなかった。母が姉と慕い、東京行きを支持してくれた同郷の友人――「とお姉」が東京へ遊びに来たのだが、皮肉にも彼女は、卒業したらすぐ帰れという家族からの伝言を携えてきた。家族の言いつけに背くわけにはいかず、とはいえ旅費はすでに使いきっていたから、やむを得ず彼女からお金を借り、家賃と雑費を清算して、帰りの切符を手配した。母は作ったばかりの夏のワンピースを身につけ（図21）、明珠に別れを告げ、とお姉とともに台南へ帰った。

そのころ、日本は戦争ムードが高まっていた。母の帰郷から半年も経たない一九四一年一二月、帝国海軍は真珠湾を奇襲し、太平洋戦争が始まった。日本全国が戦時体制に突入し、仮に母が日本に残っていたとしても、技術を向上させるチャンスは恐らくなかっただろう。

図19　1941年４月、東京洋裁技藝学院裁断科のクラス写真（上）。
図20　1941年春、クラスメートとの写真（右下）。
図21　日本で作った夏のワンピースを着る母（左下）。

戦時下のウェディングドレス

台南に戻った母は、以前と同じように白金町の錦順興商店の半分を使った洋裁店で服を仕立て、家計を助けた。毎月家賃と水道、電気代を合わせた二〇円を稼ぐ必要があったという。このときは母にも東京の洋裁学校帰りという箔がつき、祖父の名前「施海瑞」を一字借りて屋号を定め、「瑞恵洋裁店」という小さな看板を掲げた。

ところが、太平洋戦争が勃発すると、台湾も全面的な戦時体制に入り、食糧・衣料など生活必需品は配給となり、日用品店の品揃えにも大きな打撃となった。配給量は売上高によって決まったから、売行き不振の店に配給される品物ははなから少なく、品揃えが少なければ売上はなお減り、次の配給がさらに減らされる悪循環に陥った。しかも店を切り盛りしていた母の弟は、軍夫として徴用され、南方戦線に向かった。

だから家計は、母に頼るほかなかった。一方で、戦時下の統制経済のため、どの産業も低迷しており、台南では呉家と侯家の生地店さえ、仕入れがままならずに休業した。母の記憶によれば、当時配給された布は木材パルプ由来のスフで、非常に粗悪であった。肌触りが悪く、耐久性もなかったが、なにしろ布がないのでそれを承知で使うか、あるいはしまってあった昔の生地を出してきて、洋服を作った。収入を増やそうと、母は東京で得た洋裁学校の卒業資格を活かして、一九四三年春、台南州庁に「学術講習会」の設立を正式に申請した（図22）。これがのちの洋裁学校の基礎となるもので、名前はそのまま「瑞恵洋裁研究所」とした。こうして洋裁師に加え、洋裁学校の「先生」という肩書が母に加わった。

もっとも、志望する生徒は多くなかった。授業はいつも、たった四、五人。母は二階の寝室を改造して、小さな教室にした。そして実習で必要なときは階下にある、洋裁店のミシンを使った。生徒は少なくとも、服の仕立てに比べればいくらかましな実入りになった。それに大事なのは、母がこの小さな教室で、教えることの喜びを見つけたことだ。その喜びが原動力となり、以後、彼女に半世紀にわたる洋裁教育の道を歩ませることになる。母は仕立て仕事をする以外に、洋裁を教えながら、よりよい教授法やカリキュラム、教材を考えることで、このいちばんつらい時代を乗りきった。

一九四四年、すでに大日本帝国の敗色は濃く、あらゆるものが欠乏し、民間への物資供出命令は苛烈（かれつ）であった。なにもかもが足りず、すべてが禁じられていた時代をみんな、なんとか生き抜こうとしていた。また戦時中、皇民化運動［日中戦争開戦後に実施された台湾人への教化政策。刊行物の漢文版廃止、日本語使用の徹底、台湾伝統劇の禁止、神社参拝の強制、日本風への改姓名運動などがある」がより積極的に進められたが、庶民階級には大きな影響はなかったようだ。母はこう言った――改名しろと言われたこともなかったし、日本人の身分がほしいと思ったこともなかった……。軍夫として南方へ行かされていた母の弟は、のちに自傷行為で精神疾患を装い、除隊して台湾へ帰ってきた。命は守ったものの、だからといって家計の足しになるわけではない。母の洋裁店と研究所も、ただ目の前の一日をやりくりし、一家の生活を維持するのに精一杯で、商売を広げる余裕などかけらもなかった。まして、その年の旧正月を過ぎれば二七歳と、とうに適齢期を過ぎてしまった母の将来のことなど、だれも考えてはくれない。なにしろ家計は母が一手に支えていたのだから、嫁ぎ先を見つけてそれを手放す理由はなかったわけだ。

当時、母のもとで助手を三年ほどしていた一六歳の女性がいた。彼女は一九四〇年に公学校を卒業したあとすぐ母について洋裁を学び、母が日本から帰ってきたころ、また助手に戻った。母とはずいぶん気が合ったらしく、日本で働いている自分の兄を紹介し、ふたりをくっつけようとした。その人は母より四歳年上で、日本で四、五年働き、「東京光学

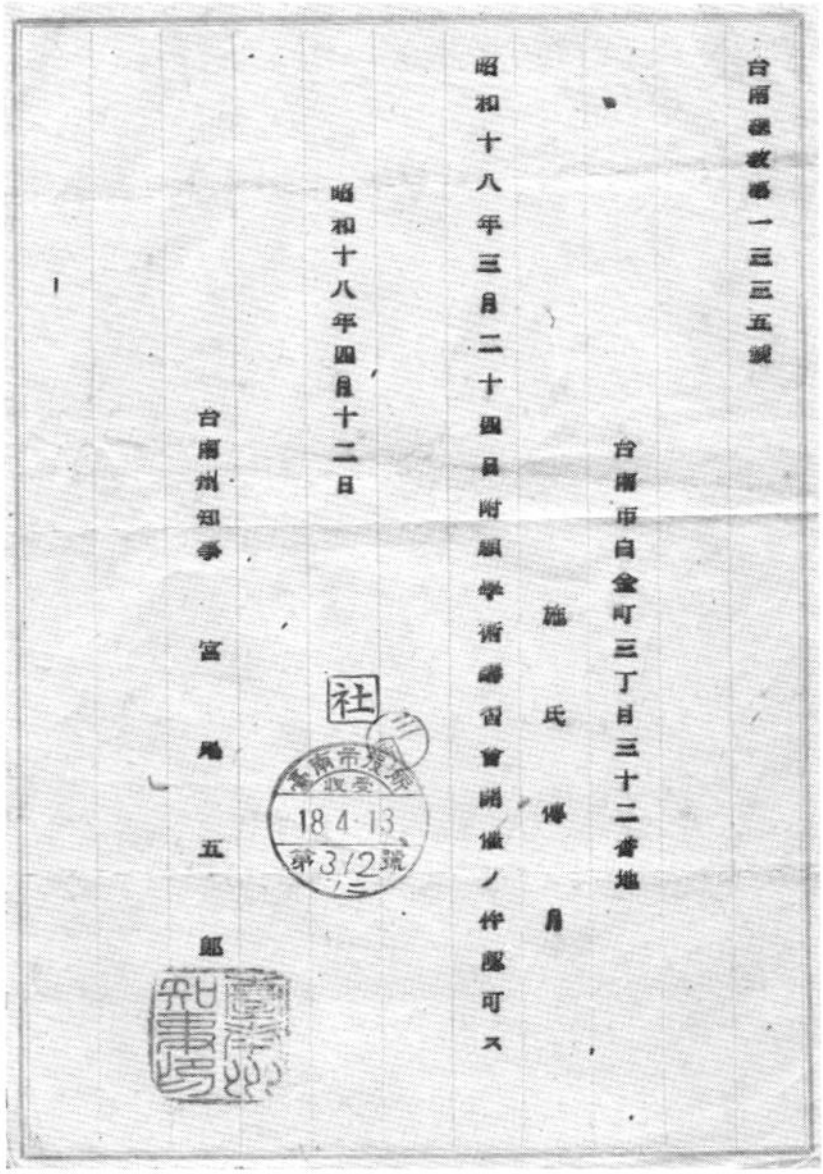
台南社教第一三三五號

台南市白金町三丁目三十二番地

施氏傳月

昭和十八年三月二十四日附願學術講習會開催ノ件認可ス

昭和十八年四月十二日

台南州知事　宮嶋五郎

昭和十八年四月十五日　臺南市長　羽鳥又男

殿

台南市社第三一號ノ二

學術講習會開催認可願ニ関スル件

三月二十四日附首題ノ件別紙指令書ノ通リ認可相成候条右交付ス

追而開會ノ際ハ其ノ都度屆書（州知事宛二通）提出相成度

臺南市役所

図22　「瑞恵洋裁研究所」の設立許可証。

（今のトプコン）」というメーカーに勤めていた。当時の社会通念からすると適齢期を大きく過ぎていたふたりは、まず写真の交換をすませ、そして仕事を辞めた彼が台南に戻ると、見合いにのぞんだ。一九四四年三月であった。見合いは、末広町銀座のハヤシ百貨店の近くにあった喫茶「豊田」で行われた。戦争はすでにどん詰まりにあり、不確かな時代の空気のなか、すでにトウが立ったふたりは急速に惹かれあったようだ。ともに近代化の洗礼を受けていたし、戦時下の厳しい時節でもあったから、かんざし贈りなどの伝統的な婚約の儀式はすべて省略し、九月に結婚した。父は台南に帰って、いちばん上の妹の紹介で大宮町の台湾貯蓄銀行に仕事を見つけていた。母が言うには、当時は若い日本人の銀行員がみな兵隊に取られて、人手不足だったからで、さもなければ、台湾人が正規の職員になるなんてありえなかった。

一九四四年は第二次世界大戦の戦局が大きく動いた年であった。この年の六月、ヨーロッパではノルマンディ上陸作戦により、連合軍が反攻を開始した。同じ月、米軍は太平洋のサイパン島攻略戦に勝利し、B29爆撃機による日本への本土空襲が可能となった。このあと日本は勝ち目のない、泥沼の戦いへと突き進むこととなる。もっともそれ以前から、アメリカの潜水艇は日本の周辺海域を我が物顔で航行していた。父が帰ってきた直後にも、

図23　1944年9月、父と母の婚礼写真。

台湾と日本を結ぶ客船が、米軍の潜水艦により撃沈されたことがあった。

その年の九月、戦時の混迷と物資のさらなる欠乏のなか執り行われたふたりの結婚式は、きわめて簡単なものであった。一九三〇年代以降、台南の若い女性は結婚式で白いウェディングドレスを身にまとったのに、そのころは日本の植民政府から万事簡素にという通達があったせいで、男性は国民服とゲートルで、女性はあのかっこわるいもんぺ姿で式を挙げた。そんなことはだれも望んでいなかったが、着たくとも白いドレスを借りるあてなどなかった。そんななか母は、自分たちの婚礼を戦争によって貶(おとし)められるわけにはいかないと、素朴ながらも上品なウェディングドレスを自らデザイン・縫製し、頭の飾りと地面につくほど長いベールまで手作りした。母は真っ白なドレス、父は自分の母方の大おじから借りたモーニングで、戦争の暗雲が立ちこめるなか、晴れやかな結婚式を挙げ、人びとがうらやむような婚礼写真を残した（図23）。略式ではあったものの、これは、おじのホワイトウェディングが母や一族の少女たちに与えた憧れが、十数年越しで実現した瞬間であった。

母が自らのデザインで縫い上げたウェディングドレスは、戦後の厳しい歳月をなお生きつづけ、一族の女性――母の妹や父の妹に受け継がれ、着られていった。ただ、数々の婚礼を祝ったドレスが最後、どうなったかはだれも知らない（図24-26）。

図24-26　戦時下に母が作ったウェディングドレスは、戦後も親戚の女性たちがが結婚式で着ることとなった。1947年（右下）は父の三番目の妹（母に父を紹介した張本人)、49年（上）は母の妹、53年（左下）は父の末の妹（戦後うちで同居した)。ドレスがその後、どうなったかはわからない。

1944-53

戦中戦後の混乱を生きる

空襲とマラリア

一九四四年九月、父が台湾貯蓄銀行（図2）に勤めて半年ほど経ったころ、式を挙げたばかりのふたりは白金（しろがね）町の北にある鴨母寮（おうぼりょう）市場近く（今の成功路・忠義路近辺）に新居を見つけた。路地裏にある昔ながらの長屋で、ご披露も簡素に、その中庭を借りてすませた。新婚だったし、戦時下の経済は疲弊しきっていたから、母は瑞恵（ずいけい）洋裁研究所をたたみ、長屋の離れを作業場にして、古い馴染み客相手の仕立て仕事だけを続けた。ふたりのキューピット役をつとめた父の三番目の妹も変わらず手伝いに来てくれた。

台南に戻った父は、中学時代の同級生と再会を果たしていた。彼ら古い仲間たちとときどき集まっては、時局について語り合うことがあった。ある日、ひとりの友人が、日本の敗戦は間近だ。ならば我々は英語か中国語を勉強すべきではないか、と自分の考えを述べた。それは、国際情勢の動向を心配した一般市民の雑談にすぎなかったわけだが、予想にもしなかったことに、九月のある朝、父が出勤しようとする玄関の前に、ふたりの私服憲兵が現れた。帝国日本の防諜（ぼうちょう）任務を受け持つ彼らは、あの日の会話を知りえたらしく、父は連行された。母はあわててとお姉のところに駆けこみ、心付けの品を渡し、掛け合いに行ってもらった。そして一週間後、父は憔悴（しょうすい）した姿で帰ってきた。

このころすでに日本は敗北へ一歩一歩近づいていたのだが、台湾の経済状況はなお悲惨で、生活物資は全面的に配給制となり、母の洋裁店もまるで商売にならなくなった。それから半年も経たないうちに、日本軍は完全に制空権を失い、米軍機が台湾の空を自由に飛びまわり、いくつもの都市に爆弾を落とした。母の記憶によれば、一九四五年のある日、空からチラシが降ってきて、そこには「三月一日正午より、米軍による台南空襲が行われる。住民は急ぎ避難せよ」と書いてあった。つまりそれは空襲予告であり、同時に米軍が制空権を確保していることの証しだった。台南州庁はたびたび防空演習を行い、市民に防空壕を造るよう呼びかけたから、ふたりが暮らす長屋にも防空壕がひとつ掘ってあった。とはいえ、米軍の空襲予告による大きなパニックはなく、大半の市民は普段と同じ日常を過ごしていた。

予告の日——三月一日の昼近く、台南市民はみないつもどおりに街に出て、母もまた、明治町（今の成功路）まで配給米を受け取りに行こうと通りを歩いていた。そのとき、ふいに空襲警報が鳴り響き、母は一瞬、演習かと思ったが、しばらくして、安平港の上空に隊列をなす飛行機が見えた。編隊は巨大な音をたてて台南の中心地へ侵入し、爆弾を落としはじめた。あちこちから爆発音が聞こえ、市民が散り散りになって逃げ、隠れる。母も急いで家に帰り、大家一家といっしょに防空壕に逃げこんだ。

台南における初めての空襲は、非常に大きな被害をもたらした（図1）。母のご近所でも、空襲で亡くなった人がいた。B24爆撃機は西の空――台湾海峡から東に向かって飛んできた。日本統治時代に新しく東西に拓かれた、近代的な大通りは軒並み爆破され、流行の最先端を誇った末広町銀座一帯、とりわけ台南のランドマークであったハヤシ百貨店と台南州庁は、恰好の標的となった。鴨母寮市場からほど近い明治町も例外ではなく、爆撃の被害が出た。空襲警報が解除されたあと、息苦しい防空壕から出て家を点検すると、部屋じゅうがほこりまみれになっていた。昔の家には天井板がなかったから、梁や桁の上に長年積み重なったゴミとほこり、それから蜘蛛の巣が、空襲の衝撃ですべて落ちたのだ。

この空襲のあと、台南人はようやく疎開を開始した。父は銀行の仕事があったから、台南を離れることはできず、赤崁楼［オランダ人が台湾統治のため一六五三年に建てた城。当時はプロヴィンティア城と呼ばれた。一六六一年に鄭成功が攻略したのち荒廃したが、光緒年間（一八七五～一九〇八年）に文昌閣、海神廟などが建造された」と小上帝廟の近くにある実家へ戻ることにした。母は、とお姉一家とともに台南の隣町の新市の農家に身を寄せた。住んでいた長屋は引きはらい、ミシンなど大きい洋裁道具は、結婚式で父がモーニングを借りた大おじに預けた。彼は大きな病院を経営していたのである。それでも母は一台だけミシンを持っていった。また、祖父の弟は、何かあったときに使えと、母に袋いっぱいの米を渡した。

「超空の要塞」と呼ばれたB29爆撃機はサイパン島から飛び立ち、その航続距離から、日本本土に爆弾を落とすことが可能だった。台南は三月一日に空襲を受けたが、本土への空襲は前年一一月より本格化し、市街地に対しても、一九四五年三月以降、東京、大阪など全国六〇以上の都市で絨毯爆撃が行われた。台湾の主要都市もその爆撃圏内にあり、空襲に怯える日々は八月のポツダム宣言受諾まで続いた。

半年間の疎開生活はつらかった。物資欠乏に起因する栄養不良だけでなく、感染症が蔓延し、多くの人がマラリアに罹患した。母も感染し、マラリア特有の発熱と悪寒に苦しんだが、医者はおらず、薬もなく、栄養ある食事にもありつけなかった。布団にくるまって

図1　空襲直後の台南州庁（上）。象徴的なドーム屋根は3つとも消え、壁しか残っていない。戦後修復され、1969年から97年までは台南市役所として使われ、その後リノベーションを経て、2003年より国立台湾文学館。
図2　日本統治時代の台湾貯蓄銀行（下）。

も全身が震えるほど寒いかと思うと、そのあとすぐ、意識が朦朧（もうろう）とするほどの高熱が出た。悪いことは重なるもので、祖父の弟が持たせてくれた米は台風で流されてしまった。すると地元の人が、アカギの葉っぱで鶏を煮こんで食べれば治ると教えてくれたので、材料を揃え、作ってみることにした。衰弱した体で、しかも生まれて初めて鶏をさばいたからうまくいかず、煮こんだスープも苦くて、なかなか呑みこむことができなかった。でも、食べたあとは本当に寒気がおさまり、体に少しずつ生気が戻ってきた。

闘病生活で母はげっそりと痩せた。そして前触れもなく、ある日、日本の降伏を聞いた。戦争が終わったのだ。疎開先ではマラリアを治すことはできないと考えた母は、なにはともあれ、まず台南へ帰ろうとした。やつれきった体を支えながら、一時間歩いて新市駅に着いたが、駅は人であふれかえり、切符を買って汽車に乗ることなど到底無理だった。そのとき、普通の客車でなく、特殊な公用列車がプラットホームに入ってくるのが見えた。母は流暢な日本語で、日本人の駅員に向かって切々と自分の境遇を訴えた。それを聞いた駅員はすっかり同情して、母だけ特別にその公用列車に乗せてくれた。そうして台南駅に降り立った母は、長い道のりをゆっくり歩いて、父の実家へたどり着いた。

一九四五年の空襲と疎開、さらに感染症と、少なくない災難が家族に降りかかった。施（し）

一族は日用品店を閉じ、そろって山間部に近い大内（たいない）へと疎開していた。祖父の弟が買った家がそこにあったからである。ただ、疎開のあいだ、一族の多くが重いマラリアにかかり、うち、母の継母（けいぼ）、祖父の弟の妻と嫁と孫、さらに結婚式のおじの長男などが、そのまま亡くなった。

中華民国への復帰

戦争が終わり、病が癒えぬまま台南に帰った母は、父と再会した。ふたりはかつて住み慣れた末広町・白金町界隈（かいわい）で部屋を探し、生活を落ち着かせることにした。そして見つけた部屋は、とお姉が大家であった。空襲の標的となった末広町銀座の裏路地にあり、直撃こそなかったものの爆風のせいでボロボロだった。母によれば、手先の器用な父が木板やレンガを拾ってきて、トントンガタガタとドアや屋根を直し、雨風をしのげるようにしてくれたという。

戦後、中華民国に復帰した台南で、人びとはまがりなりにも商売を再開していた。ただし物資の不足は依然深刻で、街に活気はなく、空襲の傷跡がいたるところに残っていた。日本人は日本へ帰る準備を始め、彼らが経営していた店舗は「日産（日本人の資産）」として接収後、あっという間に台湾人に――大半は従業員や共同出資者に払い下げられた。台南の目抜き通りでかつて栄華を極めた日本人商店は、こうしてその大部分が地元の有力な商人の手へと移った。また母国への引き揚げを待つ日本人たちは、持ち帰ることができない家財道具を道端で安く売った。父はそのうち、七八回転のSPレコードと針がセットになった手回し式の古い蓄音機を手に入れた。レコードは硬く、重く、割れやすく、しかも片面で五、六分しか録音されていなかった。いっしょに買ったレコードには、日本語の歌謡曲以外に、エンリコ・カルーソーなどの西洋のクラシック声楽曲があった。そんな古いレコードと蓄音機は本来、一般の台湾人家庭では楽しむことなどできない代物だったが、うちではその後、ぼくら兄弟の恰好の遊び道具となった。

母は病をおして、洋裁の仕事を再開した。客は多くなく、それでも帰国を待つ日本人女性が蓄えていた布を持ちこみ、依頼してくることが何度かあった。そのなかに善良なご婦人がいて、母のマラリアが治っていないと知り、特効薬であるキニーネをくれた。小さな瓶に残った薬のおかげで、母の病気はようやく完治をみた。ただ、弱った体と栄養不足で、二年のうちに二度の流産を経験した。そんな苦しくて不安な日々も、母は洋裁を教えるという志を忘れることなく、ボロ屋で生徒の募集を始めた。それは母にいちばんの喜びを与えてくれる仕事であったから……。

祖国復帰後の数年間は、非常に混乱した日々が続いた。中国大陸では国共内戦［日中戦争終結後、一九四六年から国民党と共産党とのあいだで戦われた第二次国共内戦のこと。一九四八年以降、国民党軍は敗走を重ね、首都南京より広州、重慶へと撤退していた蔣介石（しょうかいせき）率いる中華民国政府は、四九年に台湾へ逃れた］が始まり、国際情勢は新たな枠組みへと転換し、冷戦構造が形作られていった。台湾もまた、世界が大きく変容していくなか、新たな政治矛盾と社会問題を醸成しつつあった。父は戦争末期に日本の憲兵に連行された経験があったため、不用意な言動を避け、注意深く銀行員生活を送っていた。勤務先の台湾貯蓄銀行が台湾銀行［一八九九年に設立された植民地台湾の中央銀行。戦後は接収され、一九四六年、省営で新たに設立、二〇〇〇年まで新台湾元（NT$）を発行した］に吸収合併された結果、父は台湾銀行の所属になっていた。二年あまりのあいだに帰国と結婚という大きな出来事を経験した父は、戦後の新しい時代を迎え、もっと上を目指そうという大きな志を胸に抱いたようで、一九四六年末には、行内で募集された「台湾省研修訓練（台湾省訓練団）」に参加した。これは各地の公的機関の台湾籍幹部を育成するためのもので、研修場所は台北であった。そして、翌年二月初旬にすべてのカリキュラムを終え、台南に戻ってしばらくしたころ、台北で、国民党政府への不満を背景とする民衆の抗議行動とそれに対する弾圧——二・二八事件が発生した［一九四七年二月二七日、官憲による横暴な闇タバコ取り締まりがきっかけで市民が一名死亡、翌二八日、抗議行動に対する鎮圧で多数の死者が出ると、ストライキや打ち壊しなどが全台湾に拡大した］。

事件当時、台南は比較的平静であった。ただ、三月初めに国民党軍が高雄より上陸し、各地で市民を鎮圧しながら北上しはじめると、台南中心部は一気に不安と恐怖に包まれた。それでも銀行は通常営業していたから、父は毎日出勤した。母は忙しく服を作り、洋裁を教え、事件についてはただ厄介が降りかからないようにと、びくびくしながら毎日を過ごしていた。

ついに国民党軍が台南に進軍すると、軒を連ねる店はあわてて戸を閉ざし、通りから人影が消えた。市内の学校は終業時刻を早め、父も銀行から帰宅した。父の弟は当時、駅の東側にあった名門校・台南一中［六年制］に通っていた。その日、学校から帰宅命令が出たあと、彼は大通りを避け、古都・台南特有のぐねぐねした裏通りを西に向かって歩き、まず父の家にたどり着いた。それから北に進み、小上帝廟近くの自宅に帰ろうというのだ。末広町の大通りを横切って、白金町の裏路地を抜けていくつもりだったらしいが、父と母が目にしたのは、さっき見送ったばかりの彼が、太ももから血を流して戻ってくる姿であった。路地口から末広町通りの様子をうかがっていたら、軒下を進む鎮圧部隊の先遣隊（せんけんたい）が通りかかり、父の弟は突然、そのひとりに太ももを刺されたのだ。血まみれの脚を引きずる姿に、父と母は驚きふためき、急いで傷の手当てをした。

　一般庶民からしたら、二・二八事件はあっという間の出来事だった。その後、台湾の経済は徐々に活気を取り戻しはじめたものの、母の商売は依然低調であった。洋裁を学ぶ人は多くなく、「瑞恵洋裁研究所」の看板をふたたび掛ける日はなかなかきそうになかった。そんなころ、頑固なところがある父と大家であるとお姉とのあいだで、ふとした行き違いから諍（いさか）いとなり、部屋から追い出されるはめになった。大家は今すぐ出ていくよう父と母に通告し、実際ある日、彼らの家のものがやって来て、ミシンを含むすべての家財道具を表に運び出してしまった。母はただ呆然と父の帰りを待ち、警察に相談してその場を収めた。いくらかの猶予が与えられたとはいえ、早晩退居しなければならず、洋裁店どころではなくなった。かつてあれだけ助けてくれた親友と、自分の夫とのあいだで生まれた小さな確執から仲違いすることになり、母は悲しく、またどうしたらいいかわからなかった。
新しい家を探しているあいだに、父は銀行から辞令を受け、台北本店の経理部への転勤が決まった。だから、親友との問題はそれきりとなった。

嵐のなかのおだやかな日々

辞令を受けた父は、母とともに、最小限の荷物だけを携えて台北へ向かった。一九四七年五月のことであった。一九三一年に白いウェディングドレスを着て母たちを驚かせたおばもついてきて、数日間、台北を観光して帰った。公学校の卒業旅行で台北に来たことがある母だが、汽車の中で飲んだ初めてのコーヒー以外は何も覚えていなかったらしい。それ以来の台北とあって、青田(せいでん)街にあった台湾銀行の社宅に入居したあと、まずは市内の観光地をぐるりと遊んだ。草山(そうざん)（一九五〇年に陽明山と改称）や北投(ほくとう)温泉をふたりで訪れた写真が今も残っている（図3）。

青田街の社宅は日本統治時代に建てられた日本式の住宅であった（図4-5）。父と母が

図3　1947年、台北転勤となった父といっしょに、草山を観光する母。

結婚後住んできた長屋やボロ屋に比べると驚くほど立派な家で、しかも、これほど設備が整った家に住むのは、母が幼いころ大家族で暮らした家以来である。ふたりは台南の家族やご近所から離れて、まずひとり目の子どもを産み、育てた。ぼくの兄である。それでも、モーニングの大おじの娘、雲嬌（うんきょう）が一九四八年に台湾大学外国語文学部に入学し、四九年には台南一中に通っていた父の弟も同じ医学部に受かり、それぞれうちでいっしょに暮らしたから、家の中は徐々ににぎやかになったようだ。母はひとり目の男の子を育てるのに忙しく、洋裁の仕事を再開する余裕はなかった。そもそもまったく初めての土地で、知人もなければ、お客さんも当然いない。ただ、台北への引っ越しの荷物にはやっぱりミシンが入っていた。

　青田街の社宅は和平東路から北へ入った路地にあり、二軒の日本式住宅が鏡に映すようにくっついていた。庭は独立していて、門と玄関も別だった。背中合わせの家には、同じように最近、嘉義（かぎ）から本店へと異動してきた同僚が住み、この二軒はそれまで日本人が住んでいたのだろうと話し合った。戦後も留用されていたベテラン銀行員がようやく帰国を許され、だから社宅が空いたのだろう。

図4－5　1949年ごろ、台北・青田街の台銀の社宅にて。

母の記憶によれば、社宅はそれほど大きくなく、大小三つの畳部屋があった。戸を開け、玄関から右へ行けば床の間付きの大きな和室があり、ふたりはその部屋を客間兼寝室とした。さらに左隣には小さな和室があり、大学に通う雲嬌が使った。玄関の裏の小部屋は、父の弟が引っ越してくるまで、ミシンを置いた母の洋裁部屋だった。台所と浴室は左手奥、トイレは右手奥に振り分けられており、そのあいだを廊下がつないでいた。大人何人かで暮らせば、すぐ手狭になるような家だったが、子どものころから日本の教育を受け、また日本の雑誌で学んだ洋裁を生活の中心にしていた母は、このスズメみたいに小さくとも、必要なものがすべてそろった日本式住宅の暮らしに感激したという。六〇年ののちにも母は当時の家のことをはっきり覚えていて、その間取りを描いてくれた（図6）。門のそばには、立派なゲットウの木がそびえ、グラジオラスのように連なった大ぶりの花を毎年咲かせた。ゲットウのことを覚えているのは当然で、なぜなら台南では、亀の形をした蒸しケーキ（紅龜粿（アングゴエ））やピーナッツちまき（菜粽（ツァイザン））をゲットウの葉で包むのである。

青田街には公務員・教職員宿舎がたくさんあり、父母の家の向かいにあったのは台湾大学の宿舎だった。父の弟によれば、そこには化学が専門の銭思亮（せんしりょう）教授（のちの学長）が住んでおり、日本式に地面から少し高くなっている畳に立てば、自然と塀越しに、銭教授と

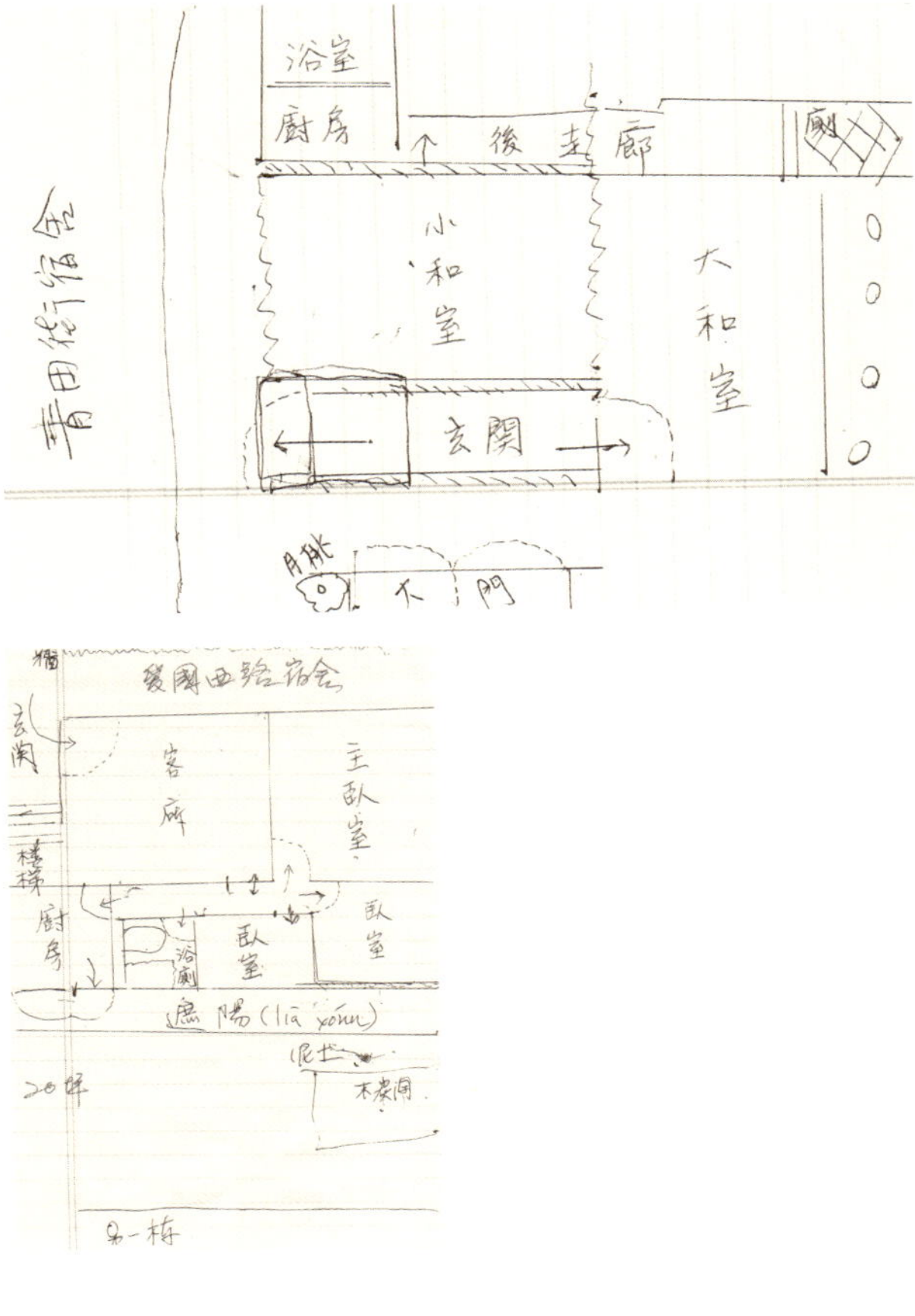

図6-7　母が思い出しながら描いた、当時住んでいた社宅の間取り。（上）が青田街、（下）が愛国西路のもの（字は著者が書き入れた）。

その家族の暮らしぶりが見えたという。ただ、銭教授はあとになって大陸から越してきたのであって、戦後しばらくは日本人の教授が住んでいた。彼らが日本へ引き揚げるとき、母は上品な陶製の花瓶と、ワインレッドの透かし模様が入ったグラスセットを貰い、ずっと大事にしていた。

母によれば、青田街から和平東路へ出ると、その斜め向かいに師範大学があったが、そこから東を見れば、「瑠公圳」がまだ残り、田んぼが一面に広がっていたという〔瑠公圳は清の時代に造られた灌漑用水。今の新北市新店区から流れ、台湾大学の手前より分岐し、広く台北盆地の農地に水を届けた〕。日本の台湾統治が始まって以降、政治機能の中心たる旧台北城の外側――錦町、福住町など（今の和平東路、金華街あたり）に公務員・教職員の宿舎が多く造られ、さらに東南へ、瑠公圳を越えた先に台北帝国大学（戦後の台湾大学）が設立されたものの、それ以外は用水に潤された田んぼばかりだった。そんな農村風景を、戦後まもなく青田街に住んだ両親も見ていた。それから二〇年後、ぼくが台湾大学に通った一九七〇年代初頭でも、大学の北側のほう（今の辛亥路のあたり）には、まだ田んぼがいくらか残っていた。つまり父と母が初めて台北で暮らした環境は、半分が閑静な住宅地、半分がのどかな農地と、古都・台南では見たこともない不思議な風景だったわけだ。転入届を出すために役所までかなり歩いたことを母は覚えていた。また、繁華街の西門町へは、和平東路からバスに乗るしかなく、不便で行く機会は多くなかった。

青田街に住んで二年半が経った一九四九年末、父は抽選に当たり、愛国西路に新築された社宅へ引っ越した。新しい住まいは、木造だが二階建ての洋風建築で、ひと棟が一、二階と左右の四戸に分かれ、門と玄関、階段は共用。合計一六戸のうち、両親が当選したのは四棟中、右奥の建物の一階だった。

新築だから、なにもかも最新の建築スタイルで、家具も完備されていた。広くはなかったけれど、寝室が大小三つにリビングと、床面積は二〇坪強あった。青田街の日本式住宅よりずっと現代的な間取りで、トイレと浴室が同じ部屋にあるアメリカ式の家だった。加えて前後に大きな庭まであったから、青田街よりもずっと快適で、父と母にとっても非常に新鮮な生活体験だったといえるだろう（図7）。一家五人で移り住んだが、そのうち雲嬌はできたばかりの台大女子寮に移り、おじも医学部の学生寮に越していった。そして一年ほどして、ぼくが生まれた。

臨月のころ、母は三回も転んだらしい。最初は裏庭のぬかるんだ地面に足をとられ、二回目は浴室でしゃがんで洗濯しているとき、いちばんひどかったのは三回目で、乗っていた自転車タクシーが道の凹みに嵌(はま)り、前の操縦者と後部座席のあいだの連結部が折れて、母は投げ出された。地面に打ちつけられて、母の顔には傷や痣(あざ)ができたが、一心に南無阿弥陀仏を唱えたおかげか、おなかのなかのぼくは、ごろんとでんぐり返ししただけですんだようだ。

父は、日本統治時代に学校を出てから、ずっと根無し草のような生活をしていて、何度も仕事を変え、さらに日本で長く暮らし、戦争が終わる一年前にやっと台湾に帰ってきた。父の生活はつまり、一九五〇年前後にようやく安定してきたといえる。だからか、当時たくさん撮られた家族写真からも父のほがらかな雰囲気が感じられる。愛国西路の社宅にほど近いところに台北植物園があって、両親はいつもぼくら兄弟を連れて散歩に出かけたので、そこで撮った写真がひときわ多い（図8−9）。今度の社宅は旧台北城の南門近くで、青田街と比べたらずっと繁華街に近かった。父も重慶南路にある勤務先まで自転車で、あっという間だった。

一九五〇年前後といえば、国民党政府が中国大陸から台湾へと撤退、朝鮮戦争が勃発し、

図8-9　1950年代初頭、ぼくと父、そして父の同僚とで台北植物園で撮った写真。

共産主義者への徹底的な粛清が行われ、静謐のなか、なにもかもが押しつぶされるような緊迫感に支配されていた時代だった。雲嬌も当時寮で食事をとりながら、どこどこ学部のだれそれが消えたみたいな話をよく耳にしたというし、おじのほうも、突如、夜間外出禁止令が出たことがあったという。ところが、控えめに暮らしていた父と母は、この姿の見えない嵐のような、当時の殺伐とした空気を感じることはなかったらしい。ふたりにとってあの時代は、とてもおだやかなものだった。父は、週末になると同僚と台湾北部のあちこちに出かけ、草山や烏来、宜蘭の羅東や蘇澳、さらに台湾の最北端、石門など観光名所をめぐった。一方、母はふたりの幼子がいたうえ、当時の交通はまだ不便だったから、活動範囲は家のごく近所に限られた。植物園以外にも、ぼくらを連れて、閑散とした大通りを総統府あたりまで散歩したり、ときには西門町に行ったりした。家族そろって西門町の「三六九」で小籠包を食べたことを、母はのちのちまでしっかり覚えていた。なぜならそれは、海の向こうから渡ってきた、これまで食べたこともない上海の美食だったからだ。

　中国大陸の文化との出会いも、台北に来てからの新しい経験だった。食はまさにその大部分を占めたが、それ以外に、父が所属した台湾銀行本店の経理部には、戦後、国民党とともに台湾へやって来た外省人［国共内戦前後に中国大陸より台湾へ移民してきた人びととその子孫。

現在台湾の人口の一〇%程度を占めるとされる」の同僚がたくさんいた。父は、新しく標準語となった中国語を何年も勉強していたから、そんな環境でも意思疎通に支障はなく、人間関係も円滑だった（だから同僚たちとよく出かけたわけだ）。社宅に住んでいた外省人でひとり、日本語を話せるものがいて、その人は母ともおしゃべりできたし、また二階には、福建・福州出身の外省人一家が暮らしていて、比較的近い方言である台湾語をみな話せた。

男の子ふたりの世話に忙しい日々、母は自らの本領である洋裁をふたたび始めた。まずは、そのころふたたび流行していたチャイナドレスを作る喜びに目覚めた。このときマスターした製図と裁断の方法は、母の頭の洋裁データベースに登録され、のちに洋裁学校で大いに活用されることになる。この時期、母がシーズンごとに作ったチャイナドレスは、父が撮った写真に多く残されている。見れば、まるで一九四〇年代の上海を描いた作家・張愛玲の作品に出てくるようなモダンで、強さとたおやかさを持つ「民国女子」であった。日本統治時代、おしゃれ好きな友人といっしょに当時上海で流行していたチャイナドレスを着て、日本人警官に辱められたこともあったが、戦後になってやっと母は、自らデザインし、自ら仕立てたチャイナドレスで堂々、街を闊歩することができたのだ（図10-11）。

新しいスタイルを自分のものにする醍醐味以外に、母は息子たちの子ども服を作ることにも熱中した。もっとも台北にいたころ、ぼくと兄はおそろいの服を作ってもらっていたのだが、数年後、母が洋裁学校を開き、忙しくなると、ぼくは兄のお下がりを着させられるようになる。ただこの時期、自分と息子の服以外に、母の洋裁の才能が発揮されることはあまりなかった。言い換えれば、これが母の一生でもっともおだやかな時間だったのではないか。台北で暮らした五年半は、ふたりにとって、なにものにも代えがたい心安らかな日々だったようで、その証拠に台南へはたった一度しか帰省しなかった。

そんな台北生活にも、終わりが近づいてきた。息子たちも徐々に手がかからなくなり、またお産がどちらも大変だったため、両親は三人目を作らないことに決めていた。すると母の心に、もう一度洋裁の仕事をしたいという気持ちがもたげてきた。二〇年近く磨いた洋裁技術は、美しい衣服を縫い上げる指先にまでみなぎり、それを人に伝えたいという熱意は血潮となって、全身をたぎらせた。洋裁店と洋裁教室の再開を考えはじめた母だったが、台北には知り合いが少なく、実現は難しかった。だから母は、父に台南への異動願いを出すようせっついた。

一九五二年の末、父は辞令を受け、台湾銀行台南支店へ異動となった。五年半のかけが

図10-11　1950年代に、自ら作ったチャイナドレスを着て。（上）は愛国西路の社宅、1952年撮影。

えのない時間に別れを告げ、馴染み深いふたりのふるさとへと帰るのだ。しかも台南で課長となり、かつての同僚は栄転を祝うため、わざわざ黒いハイヤーで父を出迎えた。家族はまず、転勤前まで父が勤務していた永福路の旧台湾貯蓄銀行ビルに間借りし、そのあと府前路（かつての南門町（なんもん））の社宅――今度はまた日本式住宅へ移った。まともな住環境に落ち着き、ふるさとでの新生活が始まった。このとき、ぼくはまだ一歳だった。

台南に帰った途端、昔のお客さんや友人が、洋服の仕立てを頼みにやって来た。しかし、母はそれだけでは飽きたりなかった。子どもが手を離れたいま、人のために洋服を作ることだけで満足したくはなかったのだ。ふるさとの空気を吸っただけで、水を得た魚のように、洋裁学校を開く母の夢はするすると動きだした。根が純朴だった母は思い立ったが早いか、生徒を集めはじめ、社宅の客間を教室とし、黒板をかけ、机と椅子を並べ、さらにミシンを数台集め、準備を整えた。

まだ試運転で、名前すらないこの洋裁教室は、当然役所に届け出もせず、新聞で募集をかけることもなかった。ただ友だちや古くからのお客さんの口利きだけで、あっという間に一〇〇人以上の生徒が集まった。一九五三年春の台南で、母はその後四〇年続くことになる洋裁学校を開校した。

図12-15　洋裁学校を始める前、母はぼくら兄弟によくおそろいの服を作ってくれた。

1953
独立のころ

社宅からスタートした洋裁学校

一九五三年の春、府前路にあった台銀の社宅に生徒を集め、母はいよいよ洋裁を教える仕事を再開させた。預けてあった瑞恵（ずいけい）洋裁研究所時代のミシンを大おじのところから運び入れ、新しく買った机と椅子を並べ、いかにもアットホームな洋裁教室という風情だった。最初はカリキュラムも決まっておらず、学費は月謝制で、途中で辞める人もいたし、途中から加わるものもいた。すべてが手探りのまま、ともかくは何ヶ月か続けた。

そんな内職のようなやり方では、長期的な経営は難しいだろうとわかっていたものの、役所へ許可を申請して、折衝（せっしょう）を重ねるなどということがとにかく苦手で、まして中国語の公文書が、母にはちんぷんかんぷんだった。戦後の新体制下に、正式な洋裁学校として認可を得るのは、非常にハードルが高く感じられた。幸い、社宅のお隣さんが親切にも、市役所の市民福祉部で働く親戚を紹介してくれ、その人に一から十まで教わり、ようやく煩雑な申請手続きを理解した。

母は東京洋裁技藝学院の修了証を持っており、また日本統治時代に略式とはいえ洋裁教室を開いていたから、学歴と経歴は開設条件を十分満たしていた。申請書には当然、学校名が必要となるわけで、父と母は相談して「東洋」という新しい名前を選んだ。母の理解ではそれは「西洋」に対する「東洋」であり、同時に母校から記念に二文字貰(もら)ったことになる。そして母は知らなかったが——戦後中国語の「東洋」という言葉は、限定的に「日本」を指し示すようになっていた。いずれにせよ、当時洋裁を志す台南の若い女性からしたら、「東洋」という名は「瑞恵」よりハイセンスだった。

洋裁学校のように、正規の学校制度から外れた社会教育機関を、戦前は「研究所」と呼んだが、戦後はすべて「補習班(ブーシーバン)」の名で、補助教育の範疇(はんちゅう)に区分された。だから母が申請した正式名は「東洋裁縫短期職業補習班」であった。「短期職業補習班」という名称は裁縫だけでなく、生け花、理美容、自動車運転など正課外で技術や技能を学ぶ場合に幅広く用いられた。

本来、「補習班」という言葉は、正規のカリキュラムで教えられて、まだ「習得」できていないことを、授業外に「補う」という意味だ。とくに台湾では数学や英語などの科目については、学校の授業だけでは不十分と、夜も「補習班」に通わせることが多い。それは当然、高校・大学受験や検定試験が目的となる。一方、裁縫のような技能については、正規の学校制度のなかでは、女子の家庭科の授業で申し訳程度に教えられるだけで、体系的に教えられることはない。だから、正規の学校以外でゼロから教わることになる。つまり「補習」とは、まったくお門違いの名前といえた。しかし、戦後から使われるようになった中国語の言語体系において、あるいはお上の管理しやすさのためだろう、技能教育はすべて、「補習」といっしょくたになった。母の学校も、新たな洋裁技能をゼロから学ぶにもかかわらず、「職業補習班」という本来の姿とかけ離れた名前をつけるしかなかったわけだ。

申請書類はすべて父が作成した。父は、数年にわたる銀行勤務で、中国語による文書の書き方をマスターしていたから、記入例があって、教えてくれる人がいれば、まったく難しいことではない。加えて父は字が上手かったから、丁寧な毛筆とガリ版を駆使して、分厚い申請書類を書き終え、五月のうちに市役所へ提出した。書類中、学校の設立場所は社宅であった。市役所からは七月一一日に認可を伝える通知が届いた。場所や設備にはとりたてて意見はつかず、当時の審査はそれほど厳しくなかったことがわかる。ただ、申請名の「裁縫（ツァイフォン）」が修正され、「縫紉（フォンレン）」に差し替えられていた。同じ「服を作る」という意味だが、そちらが戦後中国語の正式な言い方ということらしい。結果、母の洋裁学校の正式名称は「東洋縫紉短期職業補習班」ということになり、それで四〇年間変わることはなかった。

市役所に申請書類を提出した一九五三年五月、最初のクラスの前期のカリキュラムはすでに修了しようとしていた。生徒は十数人いて、なかには花嫁修業中の父の末の妹や、ふたりの子を育てる父のいとこ・秀蓮（しゅうれん）などの親戚と、母が見つけてきた農村出身のお手伝いさん、アツァイも混じっていた。最初の卒業写真を見てみると、背景は当時住んでいた社宅の玄関である（図1）。母は前列中央に腰かけ、アツァイは後列のいちばん右に立っている。父の末の妹は前列右から二番目。眼鏡をかけた秀蓮は母の隣で、ぼくら兄弟とちょうど同い年のふたりの子どもといっしょに写っている。きっと毎日、子どもたちを連れて学校に来ていたのではないか。ぼくらも母が作ったおそろいの服を着て、写真のなかに収まっている。当日参加できなかった生徒は、写真館にお願いして、顔写真を丸く合成した。まるで家族の記念写真のようだ。

洋裁学校を開くと決めたとき、母も、家事との両立が不可能だと自覚していた。子ども

図1　1953年5月、母の学校の最初のクラスの卒業写真。認可前なので校名がまだ「裁縫」である［写真の「42」は戦後台湾の元号、民国42年（1953年）を指す］。

は手がかからなくなってきていたが、子育て以外の料理、掃除、洗濯を手伝ってくれる人が必要だった。当時台湾は経済成長期にさしかかる前で、農村の若い女性は、都会の建築現場での軽作業以外、大多数はお手伝いさんとして働き、まだ字が読めないものも少なくなかった。アッァイは洋裁学校を開くにあたってお願いした最初のお手伝いさんで、高雄・路竹の出身だった。その後、ずいぶん長いあいだうちにいてくれて、ぼくらが学校に行くまでの数年間、ずっとお姉さんみたいな存在だった。

お手伝いさんを頼むとき、母はひとつのルールを決めた。家事をやってもらうのは当然だが、うちは家族構成がシンプルだし、さほど忙しくはない。だから時間の余裕があるときは、彼女たちにも洋裁を習うことを許した。これはお手伝いさんにとっても、大きなメリットだった。さらに、我が家の男たちの舌とおなかを満足させるための料理を、彼女たちに教えこまなければならない。うちのお手伝いさんにとっては、洋裁の技能に加えて、料理の腕も上がるとあって、いい嫁入り修業になったし、実際何人かはうちにいるあいだに縁談が決まり、辞めていった。

洋裁学校の認可は下りたものの、名称以外にも、父が作成した学校の組織規程とカリキュラムに若干の修正があった。父は記入例にあったとおり、洋裁以外に「三民主義」「民

図２　設立申請書に書かれた開校の趣旨とカリキュラム。「国語会話」「三民主義」などは消されている。

族・民主・民生を核とする孫文の理念〕、「歴史」、「国語」〔戦後標準語の中国語〕などを科目に加え、『国語辞典』、『三民主義概要』など、授業で使う教科書まで記載したのだが、それらは全部消されていた（図2）。市役所の担当者もさすがに正課外の技能教育にそんな授業は必要ないとわかっていたのだろう。生徒の学歴もまちまちだったし、母にいたっては「国語」も話せなかった。まさか、それだけのために、先生を雇うわけにはいかない。

したがって、最終的な科目は裁縫に関係するものだけとなった。裁縫の基礎から始まって、ベビー服や子ども服、女性向けの裏地つきのスカートやスーツ、さらにチャイナドレス、コート、イブニングドレス、ウェディングドレスなど教えるべきスタイルは、母の経験の引き出しからいくらでも出てきた。授業には基礎と製図に加え、実習があった。授業時間は月曜日から金曜日まで、午前か午後の三時間で、三ヶ月で一学期とした。入門・基礎を学ぶ「速成コース」から上級の技術を学ぶ「研究コース」まで、合計六ヶ月通えば、すべてのカリキュラムが修了できる。コースの分け方と名前のつけ方は、当時の役所の雛形（ひながた）をそのまま流用した。

設立申請が認可されたからには、さっそく正式な授業を開始しなければならない。とはいえ、開校当初は入学する生徒は多くなく、依然として洋裁教室の規模であった。もし申

図３　1953年、洋裁学校開校当時の母とぼくら兄弟。１年も住むことがなかった台銀の社宅にて。

請書のとおり、午前と午後にそれぞれ「速成コース」と「研究コース」を開設したら、一、二人のクラスも出てしまう。だから、やむをえず合同クラスにして、生徒のレベルの違いは個別に対処した。幸い、その後、コースは規定どおりに開けるようになり、カリキュラムも徐々に固まり、学校は軌道に乗りはじめた。

自分だけの場所を探して

家族が台南に落ち着くことを前提に、母は洋裁学校を開くことに決めたのだが、予想もしなかったことに、開校直後、父は突然の辞令を受け、台中(たいちゅう)に転勤となってしまった。台南に戻って、まだ一年にもならないころである。おまけに、銀行の社宅で洋裁学校を開いていることが、支店の上層部で問題になっていると風の噂で聞いた。台湾銀行は政府系の銀行だったから、公的な不動産で私的な商行為をするのは、けしからんということだ。たしかに、いつまでもこのままでいけないことは重々承知していた。とはいえ、今回母が密告された一件にも、父の異例の人事にも裏事情が隠されていた。残念ながら、父は台南支店の主流派幹部たちとそりが合わず、以前から確執があったのだという。加えて、幹部には父を快く思わない親戚が含まれており、結果、まだ穏便な処分として台中へ飛ばされることとなったのだ。

　母はただ、ふるさとの台南に帰って自分の能力を活かした仕事をしたかっただけなのに、開校直後のよちよち歩きのときに父が転勤させられ、なんとも無情な運命のいたずらを感じた。もし父と台中へ行けば、せっかくの認可を放棄し、洋裁学校を閉じるしかない。しかし母は、夫に連れ添うだけの専業主婦になることは我慢ならなかった。だから彼女は台南に残り、新しい場所で洋裁学校を続けることに決めた。これは母の人生において、二度目の大きな決断であった。小さな男の子ふたりを世話しながら、夫の助けもなく、たったひとりで、新しい事業の立ち上げに向かい合わなければならない。それでも青春時代に芽生えた憧れを実現するために、母はその責任をすべて背負う決心をした。

　まずは、洋裁学校の代替場所を見つけることが先決であった。社宅を出た母の手には認可通知書が一枚あるだけで、自分が住む場所さえ決まっていないのだ。洋裁学校どころの騒ぎではない。しかも厳密にいえば、認可に謳(うた)われた洋裁学校とは、一定の規模を持つ職業学校であって、自宅のリビングを教室がわりにするようなものは当然本来あるべき姿ではなかった。言い換えれば、台南で洋裁学校を続けるのならば、規定にかなったそれなりの物件が必要であり、なおかつ家族も居住できるという条件を満たしていなければならない。当時うちの家族は父と母、ぼくら兄弟とお手伝いさんひとり、さらに台南に帰ったあと転がりこんできた父方の祖母と父の末の妹がいた。母の夢と決心を理解した父は、台南でその条件にかなう場所を探しはじめた。

母にしてみれば、友だちがたくさんいて、長年住み慣れたこの台南の地を本拠地とする以外に選択肢はなかった。ただ旧台南城エリアは道路がこみ入っていて、住宅が密集し、不動産相場も相対的に高かった。だから母の条件ははなから難題で、つまるところ運にまかせるしか手はなかった。父は終業後や週末にあちこち探し歩き、また仲介屋にも訊いた。結果、末広（すえひろ）町銀座の裏手から台南神社へと抜ける路地――古い名前で「檨仔林（ぞうしりん）（スアンヤーナァ）」街「マンゴーの林の意」と呼ばれるところに、売り物件を見つけた。間取りと大きさは、まさに母の希望どおりであった。

物件は土地の広さが三〇坪ほどあり、西向きに路地と面したほぼ真四角の、瓦葺（かわらぶ）きの平屋だった。様式としては伝統的な台湾式ではなく、さりとて西洋風でもなく、おそらく日

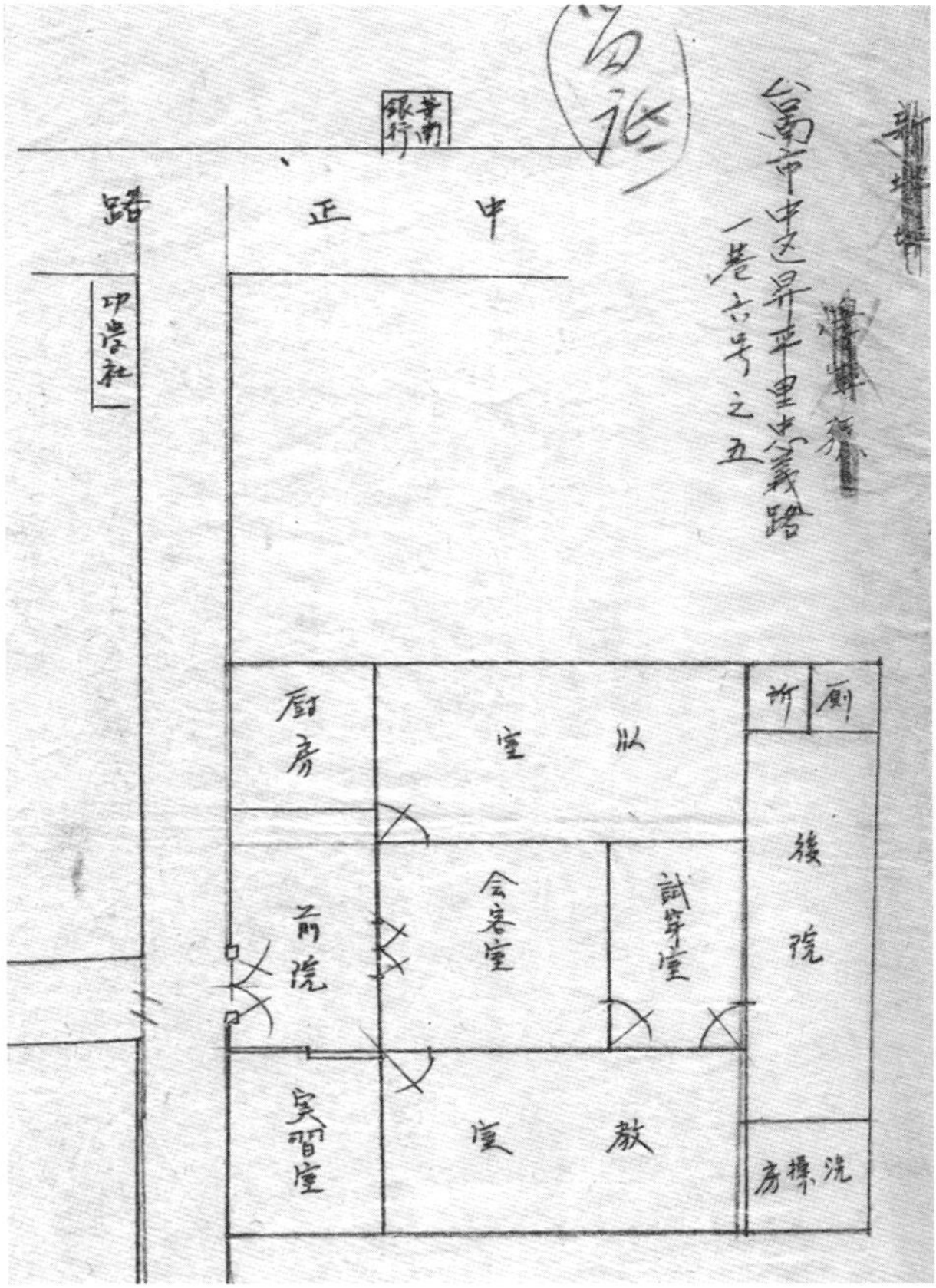

図4　1953年、移転申請をするときに父が描いた新居の平面図。路地に比べて家は大きく描いてある。

本統治時代に台湾人が東西折衷で造った家だったのだろう（図4）。土地の形状は奥行きが少し短い長方形。いわば間口三間の造りで、路地が少し湾曲しているため、北側の間口が南側より長かった。その真ん中の西向きの門をくぐり、小階段を上がっていけば、日除けつきの前庭があった。玄関を開けるとすぐ客間で、その奥は小さな寝室。南側には路地に向かって窓のついた大広間があり、いちばん奥が浴室だった。北側には小さい台所と大きな寝室が並び、寝室は台所よりの半分がレンガ敷きで、奥半分が畳敷きになっていた。北側のいちばん奥にあるトイレは、寝室からは入れず、敷地の東側を南北に走る廊下から出入りする。トイレと浴室を家の裏の両端に離して廊下でつなぐのは、日本式住宅でよくある間取りであった。

この家の大きさと間取りは、洋裁学校としても我が家の住居としても最適といえた。母は南側の大広間を教室とし、真ん中の客間を生徒たちの実習室とした。寝室は、小さいほうを祖母と父の末の妹、お手伝いさんで使い、大きいほうをぼくらと両親で使った。そしてそこは、母の仕事場でもあった。台所、トイレ、浴室と水回りは完備され、動線も悪くない。場所は町の真ん中だし、開校間もなくで生徒数もそう多くない洋裁学校に、この一戸建ては理想的すぎた。母は天からの贈り物だと、ひどく感激したという。

ただし、この天からの贈り物は、三万元〔一九五六年に定められた月の最低賃金は三〇〇元〕とかなりの高額で、なおかつ公有地だったので、値段は建物だけ。父も母も実家に資産はなく、またささやかな給料で貯蓄などあろうはずがない。まして開業したばかりでは銀行が融資してくれるわけもなく、民間で融通するしか手はなかった。このとき、母の元手といえるものは洋裁学校の認可だけであり、成功するかどうかなど、お天道さまにもわからない。だから伝手(つて)を頼って借金を申しこもうが、だれもがこの事業を見こみ薄と考えた。

そんなとき、ひとりの救世主が現れた。八方塞(はっぽうふさ)がりの母に救いの手を差し伸べたのは、アーホエのお舅(しゅうと)さんで、街の人びとから「イエンジョおじさん」と呼ばれていた頼(らい)家の長老であった。アーホエが母の代わりに、洋裁学校のために必要なお金なのだと説明したところ、お舅さんは即座に手助けを約束してくれたという。母はその三万元で家を買い、それ以外の税金や開校に必要な費用は、父が自転車とラジオを売って作った。台中へ転勤するので、自転車は当面必要なかったのだ。

大通りを一本入れば、昔ながらの路地

母の洋裁学校の新校舎となり、またぼくの実家となったこの家は「中正路」から入った路地にあり、当時の住所では「忠義路」といった〔台湾の路地は、接する大通り（「路」「街」など）の路地口の番地に対応して、〇〇番路地（「〇〇號巷」）と住所がつけられる〕。なぜなら、この路地——「樣仔林街」はたしかに、中正路のハヤシ百貨店からひとつ先の角を入っていくのだが、その後ぐねぐねと折れながら南へ進み、東へ傾いで忠烈祠（元台南神社）を抜けると、南北を走る忠義路にも接していたからだ〔忠烈祠は一九六九年に健康路へ移転した。現在、忠義路に出る道はなく、東西を走る友愛街に出たところで路地は終わっている〕。一九六〇年代に行われた住所整理で、この路地は「中正路」の番地に再編された。地理上はそちらのほうが合理的に思えるが、実はその結果、忠義路とこの路地をつなぐ歴史の記憶が見えなくなってしまった。

そもそも忠義路は、台南城の南北に断続的に続く古い通りが縒れるようにして出来上がった道だ。清の時代・光緒年間の古い地図を見ると、今の民族路あたりから「打銀街」「上横街」「五帝廟街」「安海街」「樣仔林街」という短い通りが、北から南へ連なってい

る。現代の道路のようにまっすぐでなく、曲がったり、幅を変えたりしながらである。また安海街と檨仔林街は一部平行して走り、その東には海東書院［一七二〇年創建の儒学学校。台湾でも最大の規模を誇ったが、日本統治時代には荒廃していた］と孔子廟［一六六六年創建の台湾最古の孔子廟。台湾の最高学府とも評された。日本統治時代は公学校に使われ、空襲も受けたが、幾度かの修復を経て現在の姿となる］があって、東西に流れる川、福安坑渓を渡れば、『台湾通史』を著した歴史家・連横［号は雅堂。国民党元主席・連戦の祖父］が住んだ馬兵営（今の府前路、旧台南地方法院あたり）に出た。

日本統治時代、この古い通りは拡幅されて、直線の道路が開かれた。そして「白金町」と名づけられ、日本からの移民が競って店を出す、当時最先端の大通りとなった。加えて、台南州庁は檨仔林付近の広大な土地を収用すると、台南神社を創建し、合わせて外苑を整備した。檨仔林街は、白金町通りとつながっていたため、住所は白金町に属したが、その後、台南州庁は都市計画の仕上げとして、古い住宅街のど真ん中を東西に走る新たな大通りを新設し、末広町と名づけた。檨仔林街は末広町とも接することになったものの、このとき住所は変わらなかった。

戦後、白金町通りは忠義路と改称されるも、この古い路地との帰属関係は消えず、歴史

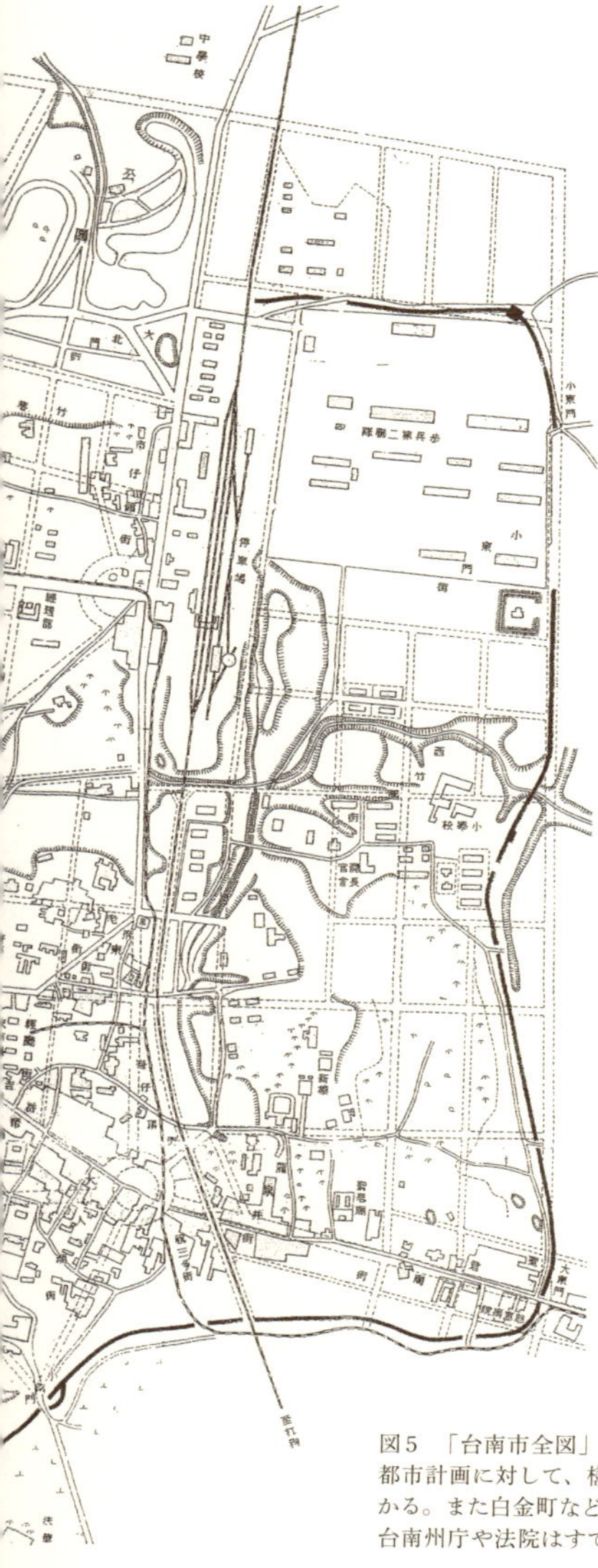

図5　「台南市全図」(1915年)。点線で描かれた新しい都市計画に対して、様仔林街などの昔ながらの通りがわかる。また白金町などの日本風の住所もまだない。一方、台南州庁や法院はすでに完成している。

図6　「台南市区改正図」(1929年)。通りに沿って「町」と「丁目」が続いている。末広町の先に逆さのL字型をした新運河が見える。

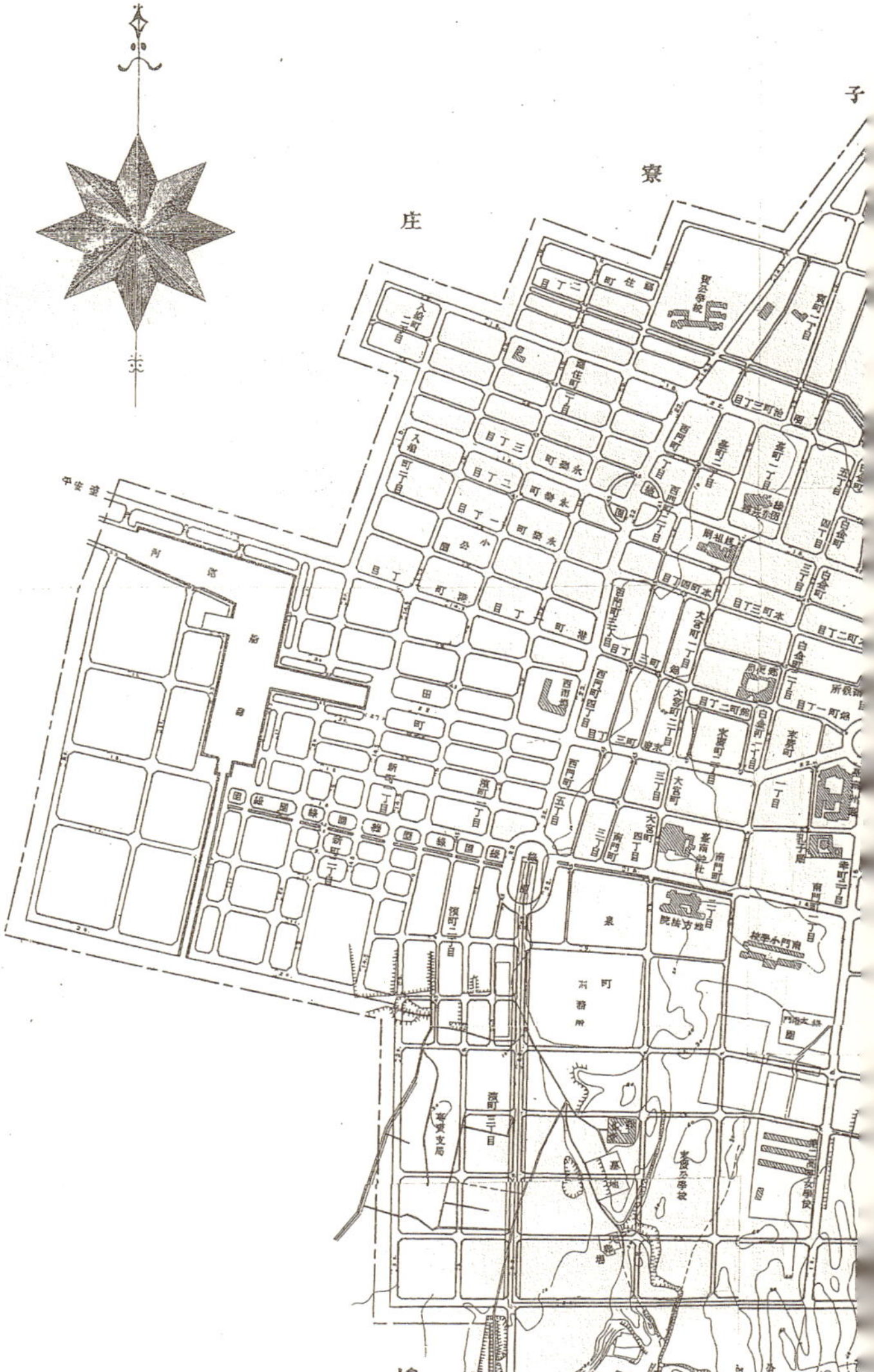
子
寮
庄
塩

の記憶はなおうっすらと残されていた。また同じころ、檨仔林一帯に「昇平里」という名前がついた［台湾で一般的な住所表記は道路名に番地だが、「里」はそれとは別にある町内会のような行政単位］。さらに一九六〇年代、忠義路に属していた住所表記が中正路へと変更されたわけだが、一時的な混乱を除けば、住民から不満は出なかった。中正路は台南最大の大通りであるし、また一九三〇年代に末広町がモダンの代名詞だった記憶も新しく、この改称は住民にとって実際的なメリットがあり、また、心理的にも歓迎された。とはいえ、大通りの近代的なビルの裏に隠れた路地の実態は昔と変わらず、道幅も揃わぬ、曲がりくねった道のままで、台南の大半の路地と同じく、屋台になるようないちばん小さなトラックでも入れないほどであった。

一九五〇年代、檨仔林のあたりにはまだ古い平屋が立ち並び、清の時代の建物や、藁と泥を固めたようなボロ屋まで残っていた。ぼくらが引っ越してきた家は、西向きにT字路と接していて、戸を開けてそのまま路地を西へ歩けば、永福路を超えて［軍艦の神・倪聖公を祀る］総趕宮に行きあたった。南に行けば、海の女神・媽祖を祀る朝興宮を経て忠烈祠があり、その外壁沿いに小道と草ぼうぼうのドブが並走していて、のちにそれが福安坑渓

図７　1910年代の空撮写真。横倒しの「Ａ」の字に見える道路のうち、真横に走るのが大正町通り（今の中山路）。その頂点が大正公園で、台南州庁の先が様仔林一帯ということになる。未開発の古い通りが細く、曲がりくねっているのがわかる。

の支流であることを知った。北へ向かえばすぐに中正路で、路地口は楽器やスポーツ用品を売る有名店「功学社」と写真館「美慕里（メモリー）」に挟まれていた。そこから足を踏み出せば、近代的なビルが並ぶ立派な大通りだったから、路地の外と中ではまったく異なる風情で、別の時代を行き来しているようにさえ思えた。

朝興宮はこの様仔林を守護する廟宇（びょうう）だった。門をひとつくぐればすぐ御本尊という簡単な造りで、我が家から数歩先の曲がり角につつましくある。これものちに知ったのだが、朝興宮はもともと忠烈祠のところにあり、台南でも由緒ある媽祖廟として、規模も大きかったという。ところが、台湾接収に際して日本軍を率い、この地で歿した北白川宮能久（よしひさ）親王を祀る台南神社の建造が始まると、一九二〇年、朝興宮は土地収用にあい、それより東にある孔子廟のそばへ移転させられた。その後、一九三五年にも、台南神社外苑の建設のため、さらに東へと退去させられ、同じ媽祖を祀る銀同祖廟（ぎんどうそ）（今の開山路付近）と統合したが、一九四五年の米軍空襲で破壊された。戦後、民間信仰の復興ムードのなか、朝興宮管理委員会は媽祖廟の再建を決めた。ただ台南神社はそのころ、抗日戦争や国共内戦などで犠牲となった英霊を祀る忠烈祠になっていたから、もとの土地に戻ることはできなかった。やむをえず、その北の路地に新しい土地を見つけ、媽祖を安置した。規模は小さいが、扁額はようやく安住の地を見つけたというわけだ。

檨仔林に帰ってきた朝興宮には、なんと別の神さまもくっついてきた。保和宮の池府王爺〔唐朝の功臣・池夢彪。疫病神の毒を奪って飲み、人民を救ったとの伝説がある〕である。保和宮はそもそも、檨仔林の南の馬兵営一帯を守る廟宇であったが、日本統治時代の一九一二年、法院（裁判所）と刑務所の建設のため立ちのきにあい、馬兵営の北にあった、移転させられる前の朝興宮に間借りした。その後、台南州庁の都市計画に基づく台南神社および外苑整備工事のおかげで、媽祖と池府王爺はそろって流浪の歳月を過ごし、最後、我々の路地で身を落ち着けた。保和宮がもともとあった馬兵営は、裁判所やホテル、百貨店に変わってしまったわけで、やはり帰ることはできなかったのだ。

戦後に移ってきたこの朝興宮は、小さいとはいえ廟前に広場があったし、大きなガジュマルの木も植わっていて、周辺住民の憩いの場となった。縁日やお祝いごと、芝居から住民会議までさまざまな催し物が行われ、それ以外にも、うぶ毛取りのおばさんが来たり、ポップコーン売りや大道芸が出たりした。広場の角には井戸もあって、手押し式ポンプで地下水を汲めたから、近所の人がここで洗濯し、子どもは水浴びをして遊んだ。また、隣の鉄工所はよく広場に材料を仮置きしていた。そして、広場がいちばんにぎわったのは、媽祖の誕生を祝ってご神像を載せた神輿(みこし)が練り歩く「迎媽祖(ギンマーゾォ)」である。とりわけここ台南では、神輿がひとつ前の総趕宮から練り歩くから、細く曲がりくねった路地に銅鑼(どら)と笛の音が鳴り響き、爆竹の煙がもうもうと立って壮観だった。期間中は毎晩、広場で野外劇「歌仔戯(ゴアヒ)」〔日本統治時代に台湾古来の民謡から生まれた音楽劇〕が上演され、夕方になると近所の子どもとおばあちゃんが、家から腰かけを提げて舞台前に集まった。

それは日本統治時代の都市化・近代化のあと、わずかに残された昔ながらのコミュニティであった。たった十数メートル中に入っただけなのに、大通りの近代的な雰囲気とはまるで違っていた。台南中心部は日本時代に新設ないし拡幅された道路が碁盤目状になっていて、一方、その方眼のなかに実は、古くからの路地、家、廟宇が数多く存在し、人びとのさまざまな暮らしが息づいていた。一九五三年、母の洋裁学校が移ってきた樣仔林は、そんな日常が当たり前に続く場所であった。

ぼくの子ども時代——一九五〇年代は、福建・泉州(せんしゅう)にその源を発するさまざまな職人、商人たちがまだこの路地で暮らしていた。うちの北隣では木製のサンダルを作っていたし、その向かいの住人は市場で屋台を出していた。南にある媽祖廟に向かって歩けば、まず亀の形をした蒸しケーキなど庶民のお菓子を作る工房があり、広場の周りに鉄工所と印刷屋が軒を並べ、さらに米粉の茶碗蒸し（碗粿(ワーゴエ)）の店があった。それから、椅子や机、乳母車などを作る竹細工の工房があって、忠烈祠に行き着く。うちから西へ向かえば、中正路の功学社に卸(おろ)す、革の陸上スパイクを作る職人がいて、さらに仕立て屋、文具工場、路地口で屋台を出す家と金細工の工房が並んでいた。そうそう、路地端にしゃがみこんで冷蔵庫を作っていた蔣(しょう)さんという職人もいた。木板とアルミでできた、氷を中に入れて温度を下げる旧式のやつである。この路地には、関帝庁(かんていちょう)という小さな廟宇もあって、まるで、物作りと民間信仰がモザイク状に入りまじった空間だった。

あのころ、大通りの巨大なビルディングをひょいと分け入るだけで、そんな、時空を越えたような世界を垣間見ることができたのである。とはいえ、近代的なビルに包囲された路地にも少しずつ、新しい人びとと新しい職業がちらほら目にとまるようになっていた。たとえば母の洋裁学校がまさにその典型だった。うちが引っ越してきたころ、ほかにも司法書士や善化(ぜんか)出身の医者、さらに中正路に時計店を出している外省人の家族などが暮らしだし、古びた路地のオールドスタイルの人びとのなかに、目新しい「中産階級」に属する人びとが混じりはじめていた。近代と前近代の違いに加え、職業の別、収入の差、文化の多様さが共存する、なんとも不思議な情景であった。

故郷に腰を落ち着けて

一九五三年一〇月、吉日を選んで、両親は檨仔林に越してきた。昔ながらの路地に洋裁学校が生まれ、ぼくたち家族もそこに住みついたというわけだ。このとき、ぼくは二歳。だから引っ越しの記憶は皆無で、母が言うには、ぼくら兄弟はまるで戦力にならず、ただ長い竹竿をふたりでかついで台銀の社宅からえっちらおっちら運んできたらしい。その日はちょうど、双十（そうじゅう）国慶節［一〇月一〇日、辛亥（しんがい）革命を記念した建国記念日］だった。そして引っ越しを見届けた父は数日後、ごく簡単な荷物を携え、汽車で台中へ向かった。

母とぼくら兄弟は、台南駅まで父を見送った。プラットホームにぼくらを残し、母は父といっしょに荷物を車内へ運び入れ、しばらく戻ってこなかった。すると、ぼくらの目の前で汽車がゆっくり動きだした。母に見捨てられたと思ったぼくらは、一斉に泣きはじめた。母は発車直後に列車から降りたのだが、ぼくらは気づかなかった。そんな息子たちを

図8　1956年、旧正月に玄関口で撮った家族写真。ぼくら4人家族のほか、同居していた祖母、父の末の妹、そしてかつて助手をしていた三番目の妹も子どもを2人連れて高雄の嫁ぎ先から帰ってきていた。

慰めながら、新居へ帰る母の心には、きっと大きな決意があったことだろう。子どもの世話以外の時間はすべて、開校したばかりの洋裁学校に捧げなければならない。父が家にいられるのは週末だけ。それも帰宅した土曜日の午後から、台中へ戻る月曜日の早朝までのわずかな時間であった。

物件探しから購入、借金までの出来事を思い出して、ただただ「ありがたい」と母は言った。天からもらったチャンスを無駄にしないようにと、母は朝から晩まで死にものぐるいで働き、悩む暇さえなかったという。トラブルがあっても、船はいつしか岸に着く。そのうちどうにかなるさ、という気持ちで頑張った。なにしろ、夢はいま現実となり、その現実を母以外に支えられる人はいなかったのだから。母はようやく自分の場所を、洋裁を教える学校を手に入れた。母がずっと切望していた、本当にしたい仕事が始まったのだ。このとき、母は数えで三六歳、満で三四歳だった。

母は、新居の南側にある教室のいちばん奥に黒板を設置し、三人がけの机を二列に並べて、一度に三、四〇人の生徒が受講できるようにした(図9)。実習室には両側の壁際にミシンを一台ずつ置いた。それに前の持ち主が残していった古いピンポン台がちょうどいい

図9　1956年の授業風景。母が話し、
助手が黒板に製図を引いている。

裁断台になった。開校当初の生徒が少ない時期はこれで十分だったが、数年のうちに志望者が急増すると、あっという間に実習場所が足りなくなった。だから母は、奥の小さいほうの寝室に中二階を作り、下の空間を実習室にあてた。一時しのぎではあったものの、天井が高かったのでどうにか使えた。このころ、父の末の妹は結婚してうちから出ていっていたので、中二階は祖母とお手伝いさんの寝室となった。ただ、毎日寝起きのたびに階段を上り下りするのは難儀だったようだ。ぼくらと両親が眠る北側の畳部屋は、同時にリビングであり、母の作業場でもあり、なにもかもがぎゅうぎゅう詰めだった。もっとも、子どもだったぼくにはにぎやかで楽しかった印象しかなく、狭苦しいと思ったことはなかった。

そんなふうにずっと忙しい日々が続いたから、ぼくの面倒は祖母がみてくれた。幼稚園に上がる前は、ぼくを連れて、友だちのところへおしゃべりに行ったり、お芝居を観に行ったりした。幼稚園に行くようになると、ぼくは毎日ひとりで通園した。路地を南に向かって歩き、忠烈祠をかすめて大通りに出て、さらに東へ十字路をふたつ渡ったところにあった第一幼稚園である。小学校に上がると、今度は路地を北へ向かい、中正路に出たら道を渡って反対側の路地裏にある永福小学校に通った。あの純朴な時代、保護者が子どもの通学中、安全を気にかける必要などなかったわけだ。ぼくは幼年期から少年期まで、高いビルの裏側にひっそりあるこの古いコミュニティで過ごしたわけだが、結果的にそれは、非常に良好な教育環境だったのではないだろうか。おもしろいことに、永福小学校にはいろんな家庭環境の同級生が通っていて、近代的な大通りに住む、将来大企業の社長になるような子どもたちと、路地の奥で暮らす、伝統的な職人の家の子どもたちがいっしょに学んだ。のちに、自転車で郊外の中学や高校に通うようになって初めて、ぼくは、旧台南城の風情というものから切り離されることとなる。

そんなふうに三年が経ち、父は次に台中から嘉義（かぎ）へ転勤になったが、母の洋裁学校はもう軌道に乗っていたので、大きな影響はなかった。

1953-60

夢中で仕事をしていた

オーダーメイドの時代

一九五三年は、台湾へ撤退してきた国民党政府が足場を固めて、再出発した一年だった。同年七月に朝鮮戦争が終わり、軍事境界線上にある板門店で休戦協定が結ばれると、冷戦の構図が固まり、台湾を取り巻く外的条件はおおむね定まった。一〇月、政府は数年にわたった土地改革や減税など、小作農を土地持ち農家にする転換政策を完遂させた。連動して進められた共産主義勢力の粛清も一段落して、内政は安定をみた。経済面をみると、一九五〇年代初頭にインフレーションの抑制に成功すると、経済は戦前の水準まで回復し、政府はこの年より「第一期経済建設計画」を推し進めた。輸入品を制限して国内の工業化を促す「輸入代替政策」が実施され、台湾は半世紀の長きにわたって続く経済成長の第一歩を踏み出した。同時に、性別や階級を問わない教育機会の均等が図られ、教育を受ける若い女性も著しい増加をみた。

一九五〇年代、台湾における女性の洋装はまだオーダーメイドの時代だった。ブランドというものははるか未来の世界の話で、当時既製服といえば、学校や会社の制服くらいしかなかった。ただ、戦後になって、生地販売と仕立ては分業が一般的となり、かつての日吉屋のような布を売ったあと、そのまま仕立てるフルサービスの洋装店はなくなっていた。つまり戦後、台湾の女性が服を必要としたときには、まず生地店をまわって布を買い、そしてプロの仕立て屋に頼んで、採寸・縫製してもらわなければならなかった。無論、同じオーダーメイドでも簡単なものから複雑なもの、安いものから高いものまで千差万別だった。

　オーダーメイドの時代と歩調を合わせるように、市場には十分な生地が供給された。一九五〇年代末になると、大通りに軒を並べた生地店には、あらゆる色と美しい柄の生地が大量に陳列され、客は選び放題だった。子どものころ、母といっしょに中正路にあった「金象」「福人」「貴夫人」などの生地店によく行って、その色あざやかさと華やかさに、すっかり夢中になったことを覚えている。

　清の時代から生地店が集まっていた民権路も、戦争による景気の低迷から立ちなおり、新たな黄金期に入っていた。ここで蓄積された資本は、その後の紡績業の礎（いしずえ）となり、地方財閥「台南幫（ダイラムパン）」を育んだ。当時、呉（ご）家も侯（こう）家も生地店を再開したうえ、織布（しょくふ）工場まで立ち上げていた。戦後台湾の経済成長は紡績業から始まり、一九五一年に打ち出された輸入代替政策のもと、政府も民間に工業生産とその設備投資を奨励した。一九五三年には繊維製品の自給体制が確立、地方企業家による工場投資が相次ぐと、台南幫も今度は台南紡織を設立し、小売から生産への業種転換を達成させた。こうして、たった数年で台湾の紡績業は大きな発展を遂げ、外貨を稼ぐ輸出産業に成長した［戦後の紡績業の推移をみると、一九五〇年に約五万錘（すい）と戦前の水準を追い抜くと、五三年には約一七万錘と三年間で産業規模が三倍以上となっている］。

紡績業の成長で市場に十分な布が出回ったのと同時に、ミシンや裁縫道具が売れに売れた。母は当時、ブラザーミシンを使っていたが、その代理店は台南・洪（こう）家の経営で、赤崁（せきかん）楼（ろう）から東に少し行った成功路と忠義路の交差点にあった。

洪家の五兄弟は一九七〇年代には旅行業に進出し、兄弟大飯店（ブラザーホテル）を設立。さらに一九八〇年代には兄弟エレファンツを結成し、台湾のプロ野球リーグ創設に尽力したことでも知られる［一九九〇年の春に開幕した「CPBL中華職業棒球大聯盟」の創設四チームのひとつ。二〇一四年、身売りされ、現在は中信兄弟］。実はその事業の基礎は一九五〇年代に築かれたもので、彼らは紡績業の発展とミシンの普及とともに成長し、そこで蓄積した資本により他業種へ参入したのだ。

夜も洋裁を学びたい

　東洋裁縫学院は一九五三年に開校したが、その直後に移転を迫られるなど苦難が続き、檨仔林（ぞうしりん）の新しい家に移ってやっと、落ち着いた学校運営が始まった。母は、そのあいだに起きた台湾の内外情勢の変化にまったく無頓着だった。ただ目の前の苦難を自分の力で乗り越えようと頑張っていただけだ。市役所の認可が下りた七月、三月に入学した最初の生徒たちはすでに前期を終え、後期の授業に入っていた。ただ、市の規定に照らせば、正式な学校になったあとの九月の入学生から、第一期と数えなければならなかった。そして、双十（そうじゅう）国慶節の引っ越しの翌日、一〇月一一日より新校舎での授業が始まった。

　最初の生徒たちはみな、口コミでやって来たが、だれにも文句を言わせぬ自分の城ができたのだからと、母は人に頼んであちこちに募集広告を貼り出した。そこには「忠義路」という正式な住所の下に、「中正路・功学社角入る」と書かれていて、功学社が当時から有名で、わかりやすい目印だったことがうかがえる。母は常によりよい指導法を考えていたうえ、ボタンつけの基本から懇切丁寧に、どの生徒にも技術が身につくまで辛抱強く教えたから、しばらくすると評判を聞いて、志望者が増えはじめた。

当時の生徒は、そのほとんどが台南中心部に暮らす主婦か、嫁入り前の若い女性だった。入学の動機は、若い女性であれば、少しでもいい縁談が舞いこむように、また主婦であれば、家族の簡単な服は自分で作り、仕立て代を節約できるようにということらしかった。そのうち成績のいいものは、自立して洋裁師になることも夢ではなかった。生徒たちには、前期のあいだに少なくとも、生地選びと製図、採寸から縫製までを教え、課題として自分か家族の服を何着か作らせた。優秀な生徒には卒業後も学校に残って、助手になってもらった。そのなかには、教える側にまわるものもいた。学校の規模が大きくなったころには、そんなふうに長年、母について教え方を学んだ若い先生が、常時七、八人いるようになっていた。彼女たちはぼくら兄弟にとって、親戚のおばさんやお姉さんのようなものであった。

最初は日中の授業だけであったが、母は夜も休むことができなかった。注文された服を授業後に作らなければならなかったからだ。また、夜の授業をやってくれという志望者がすぐ現れ、母はそれに応えて、翌年の夏には夜間コースを設置した。夜の生徒は、学校の先生や会社員など職業を持つ女性がほとんどだった。入学者数も最初から多く、戦後、女性の就業人口が大幅に増えた証しといえた。彼女たちは仕事だけに生きるのでなく、おしゃれも学びたいと考えたのだ。経済成長につれて夜間コースの生徒は飛躍的に増え、洋裁学校からすれば花形クラスとなり、たくさんの手が必要となった。そんな景況はその後、二、三〇年間続いた。遅れて応募してきた人に、「夜間コースは満員で……ごめんなさい」と断る母の声を、ぼくは何度も聞いたものだ。

独立を目指すにせよ、内職のためにせよ、あるいは結婚の箔づけのためにせよ、一九五〇年代以降の台湾人女性にとって、洋裁という技術は、自分の道を切り開くための強い武器となっていた。さらに、母の生徒には裕福な家のご夫人がたも多くいた。動機は違っても、彼女たちに共通していた努力を記録した写真がある。一九五六年の昼コースの卒業記念に、孔子廟そばの武徳殿前で撮られたもので、生徒たちはみな、自分で作った美しい衣装に身を包み、五〇年以上経ったいま見ても、バラエティに富んだ魅力的なスタイルばかりである（図1）。

考えるに、洋裁学校がうまくいったのは、運やめぐり合わせではけっしてない。それは、

図１　1956年10月の第12期生（昼コース）の卒業写真（上）。多くは台南出身の若い女性だった。
図２　1954年８月の第４期生（夜間コース）の卒業写真（下）。

母がいつまでも向上心を持ちつづけ、教授方法をたゆまず磨いていった結果だろう。開校当初から彼女は、必要なスタイルは惜しげもなく、どんどん教えていった。もはや、小さな社宅で少人数に教えたときのように、やってみせながら理解させるやり方では間に合わなかったから、母はどのスタイルも実際に教える前にまず助手相手にリハーサルをした。黒板に製図を引きながら説明し、生徒役にノートをとらせ、修正点を確認してから、授業にのぞんだ。教えたあとも、いいところと悪いところをフィードバックして、言ってみれば教えながら学び、学びながら教えていたのだ。母は、生徒も先生もいっしょに成長していた当時を思い出すと、なんともいえない高揚感がよみがえるという。

教室が足りない

戦後になると、台湾人女性の多くが初等教育を受けるようになり、社会に出て働く人も増えた。同時に女性たちの自らを見る目も厳しくなり、結果、おしゃれに対する関心も高まったのだといえる。女性が社会に進出し、市中にはいろんな生地が売られ、しかし既製服はなく、オーダーメイドで作るしかなかったから、自然と洋裁を学ぼうとする人が増え、洋裁学校はどこも活況を呈していた。

洋裁学校は日本統治時代の一九三〇年代からすでにあったといえ、その規模は小さく、実態はどこも洋裁教室であった。たとえば日吉屋の洋裁師・高さんが洋裁研究所を開き、母も少し通った時期がある。日本での留学から帰ってきた母もそれにならい、瑞恵（ずいけい）洋裁研究所を開いたが、通ってくる生徒はごく限られていた。当時、洋裁の技術を身につけるなら、洋装店で見習いから働くのが近道だった。父の三番目の妹が母にずっとついていたのと同じような、昔ながらの徒弟制度である。

戦後数年が経ち、台湾経済の復興とともに、もともとあった洋裁研究所や洋装店がぞくぞくと営業を再開した。歌手の文夏（ぶんか）の母が民権路でやっていた文化洋装店は事業を拡大し、文化洋裁学校になっていた。大西門・水仙宮のそばにあった「鶯鶯（えいえい）洋裁研究所」も、洋裁学校に生まれ変わった。母の「東洋」が一九五三年に開校し、その後「清美（せいび）」という洋裁学校も新たに仲間入りした。これら台南の洋裁学校は、一九五〇年代に始まった台湾の経済成長と産業構造の転換を背景に、台湾人女性が自ら着る服を作るという洋裁ブーム——数十年間の熱狂とその後の衰退をともに歩むことになる。

ブームが始まったばかりの一九五〇年代、洋裁を取り巻く環境が整い、学校の運営が軌道に乗ると、母はカリキュラムの見直しを始めた。というのも、三ヶ月を一期、前後期で半年という履修期間ではまったく時間が足りなかったからだ。母はほかの洋裁学校と共同で役所に改定案を提出し、四ヶ月の前後期制で合計八ヶ月にカリキュラムを変更した。母の学校も一九五六年三月入学の第一一期生からそれに移行し、さらに数年後、「速成」「研究」のコース名を、より親しみやすい「初級」「上級」に変えた。

台南の洋裁学校の寄り合いでは、文化洋裁学校がリーダーだった。母が言うには、文夏のお母さんは豪快な性格だったから、みんなから一目置かれたという。「王（おう）先生」と慕われ、役所との折衝（せっしょう）はいつも彼女が前面に出て、仲間を引っ張った。そのころ文夏はもうデビューして、輝かしいスター街道をひた走っていた。だから彼女は鼻が高く、寄り合いでいつも息子の話をした。

東洋裁縫学院が檨仔林に移って一、二年のうちに、ぼくは幼稚園に上がり、母の心配ごとがひとつ減った。とはいえ、お遊戯会などがあれば、ぼくの組の演目で使う全員分の衣装を、母はデザインから縫製まですべて引き受けた。自分が何を演じたかなんて記憶にないけれど、尾っぽが丸い白うさぎの舞台衣装は今もはっきり覚えている。もうひとつ、茶色いサルの扮装もあって、おしりに長いしっぽがくっついていた。

当時、台南市役所の市民福祉部の主任は、服飾デザインの普及にたいへん熱心で、一般向けの展示会をやりたいと考えた。そのころの台湾には、SHIATZY CHEN［夏姿。一九七八年に台北で生まれた女性ブランド。創業者兼クリエイティブ・ディレクターは一九五一年生まれの王陳彩霞］や、NADIA LIN［一九八八年に生まれた女性ブランド。創業者兼クリエイティブ・ディレクターは林臣英］などのブランドはなかったし、服飾デザイン系の大学や専門学校もなかった。だから、都会の女性ファッションの流行は、おおむね洋裁学校から発信され、展示会も自然と、洋裁学校が中心となって準備が進められた。台南の洋裁学校はどこも総出でこの展示会にのぞみ、最先端でスタイリッシュな女性服のデザインを競い合った。

第一回の展示会は一九五六年に開催された。ぼくはまだ幼稚園に通っていて、ただ家中の人が、目が回るほど忙しくしていた記憶しかない。アツァイもきれいな服を着て手伝いに出かけたし、ぼくはそのなかに混じっているだけで楽しかった。会場の設営準備は、週末の帰宅した時間を利用して、父がやった。作品紹介や看板、名札書きはお手のものだった。母によれば、市役所が決めた日程では準備期間がほとんどなく、それでも最善を尽くしたい母はクラス全員の力を借り、短時間でTPOと年齢に合わせた服をできるだけたくさん製作し、作品が全点完成したのは当日の朝だったという。会場の忠義小学校の教室に搬入を終えたあと、みんなで撮った記念写真がある（図3）。そこでは母と若い先生たちがみなほっとした面持ちで、展示会場に腰かけてポーズをとっている。

あのころはみんな生きるので必死だった、と当時を思い出して母は言う。台南で有名な郭（かく）婦人科医院の奥さんも母の学校の生徒で、子どもの服を自分で作ったし、台南幫の呉（ご）修斎（しゅうさい）の家族や部下たちも、母の学校に通っていた。また、忠烈祠（ちゅうれつし）の北にあった劉（りゅう）外科医院の奥さんは、裕福な商家出身で東京の文化服装学院を卒業した人だったが、結婚前は家計を助けるため、縫い子を使って、仕立ての仕事をしていた。

母も朝から晩まで、身を粉にして働いた。洋裁を教える以外に、注文服の仕事があった。昔からのお得意さんと友だちが途切れることなく頼みにきたからだが、腕の確かさに加え、母がそれぞれの顔立ちや体格、出来上がりの雰囲気まで考えて、着こなしをアドバイスしていたから当然だった。ぼくが小学校に上がる前、リビングにいたら、そんなお客さんがよく作業中の母を訪ねてきた。そして、みんなキラキラした笑顔を浮かべて、母のアドバ

図3　1956年に参加した服飾展示会にて。台南の女性がファッションに触れるきっかけとなった。

イスを聞くのだった（試着となったら、ぼくらはリビングから追い出されたが）。古い馴染み客からしたら、母が作るもの以外は着たくなかったということだろう。ときには、母が客先まで出向くこともあり、呉修斎の家で、夫人と娘さんの採寸をしたこともあったという。

ただ数年来の頑張りが祟って、母は胃下垂になってしまった。ぼくもよく覚えているが、そのころ母は授業の合間に休むとき、横になっておなかの上に缶を置いていた。缶の中で薬草を燃やしていたのだそうで、ふたに開けられた小さな穴からヒュルルッと煙が伸びていた。医者の見立てでは、過労で神経をやられたのが原因で、だから母はそれ以降、学校に専念するため、仕立ての仕事は受けなくなった。友人や古いお得意さんからの依頼は、母がスタイルを選び、デザインの助言を与えたあと、実際の作業は助手にまかせた。注文服の仕事をやめてから、母はすっかり健康を取り戻し、さらに熱心に学校運営の仕事に励んだ。

母は、仕立ての仕事に大きなプレッシャーを感じていたのだという。細やかで熟練した技術は客を喜ばせたが、厄介な名門のご婦人も少なくなかった。授業の合間に縫製作業をしていた母は、以前から体が空かないときは助手にやらせていたものの、彼女たちでは技術が追いつかないことも多く、うるさ型の客からは、ときどきクレームがついた。完璧主

図4　1957年2月に学校の玄関口で撮った第13期生の卒業写真（上）。母がまだ、仕立ての仕事も引き受けていたころ。

図5　1957年6月に初めて忠烈祠の神殿前で撮った第14期生の卒業写真（下）。撮影はいつも写真館・美慕里に頼んでいて、このあと数年間はここで撮影した。まだ小学校に上がる前だったぼくは、ついていって見物したことを覚えている。

義者の母はそれが我慢ならず、いっそ人のための仕立て仕事をやめ、教育に専念することにしたわけだ。すると、心のなかをすうっと心地よい風が抜けていくように、すっかりおだやかな気持ちになったという。母からすれば、洋裁を教えることから得られる喜びは何にも代えがたく、生徒のレベルはまちまちであっても母は全力で教え、気持ちはどこまでも安らかだった。

一方、父には花蓮（台湾東岸）か澎湖（台湾海峡にある諸島）への転勤話が持ち上がっていた。父と母は、このまま銀行にいてもいい目は出ないと考え、退職して台南で仕事を探すことにした。一九五九年、ぼくが小学二年生の年だった。ようやくふるさとに戻ることができた父は、第五信用合作社（信用組合）に理事付き秘書の職を見つけた。当時の理事は劉子祥といい、台南長老派教会を支えた一族で、精糖と水産物貿易で財をなした劉瑞山の三男だった。また、理事長の楊元翰は父の祖母の四番目の弟で、つまりふたりが結婚式を挙げたときにモーニングを貸してくれた大おじである。こうして父は、長年の単身赴任生活から解放され、自分の家で落ち着いて暮らせるようになった。このころ、母の洋裁学校はにぎやかさを増し、とりわけ夏の夕方になると、家の前に夜間コースの生徒たちの自転車がぎっしり並んだ。

同じころ母は、増えつづける志望者を受け入れるための対策に知恵をしぼっていた。小さいほうの寝室を中二階にして実習室を拡張したのだが、それでも毎学期定員オーバーが続き、入学できない志望者はかなりの数にのぼった。そこで母は、ついに家を壊して新校舎を建てることに決めた。家族の居住空間を上に移せば、敷地三〇坪をまるまる教室に使うことができる。

建築士に三階建てビルの設計を依頼し、もともとの三間間口はそのままに、ただ玄関を北よりにずらし、階段もその奥に設置することにした。これで当初の間取りを踏襲した南側の教室と、真ん中の広くなった実習室に加え、北側の玄関と階段を除いた空間も使えるようになった。母の当時の考えでは、広さはそれで十分だった。二階はぼくら家族が住む居住空間——寝室三つとリビングにキッチン、そして独立したトイレと浴室という、台湾でのちに一般的となるファミリーマンションとよく似た間取りとなった。これで両親、ぼくら兄弟、祖母にそれぞれ個室ができ、家族が川の字に寝ることはなくなった。三階は北側に二部屋だけ作り、階段の奥の狭いほうは畳敷きの、予備の寝室にした。これは、我が家にとって画期的な進歩だった。リビング兼寝室に家族全員押しこまれていた古い平屋から、三階建て鉄筋コンクリート造りの洋風建築に変わり、リビングもキッチンもぐんと立派になった。

この数年で、母にもいくらかの蓄えができていた。一方で、我が家は万事節約だったから、ぼくと兄は放課後もずっと制服を着させられたし、新しい服はもう作ってくれなくなっていた。当時ぼくは兄のおさがりを着ていたのだが、育ちざかりのぼくに追いつかず、いつもおなかがぺろっと出ていた（図6-7）。

しかし、新しい校舎兼住居の建設には三〇万元［一九六四年に改定された月の最低賃金は四五〇元］という大金が必要だった。一九五〇年代から六〇年代へとさしかかる当時においては、相当な額である。だから母は、それまでの蓄えに加えて、積立互助会［会員が定期的に集まって、会費を出しあい、くじ引きで誰かが総取りして事業や生活に用立てる民間金融組織。日本でいう頼母子講（たのもしこう）］の親になったり、またよその会に参加してうまく総取りしたりして、必要な額をどうにか揃え、着工にこぎつけた。当時、銀行でお金を借りるというのは一般の人には難しく、夫が金融機関に勤めていようと例外ではなかった。その点、積立互助会なら、先に総取りしたところで、洋裁学校の安定した現金収入があったから、その後の会費は大きな負担にならなかった。

新居は一九六〇年の年初から着工して、四月には竣工した。その間、洋裁学校とぼくら

図6-7　1959年、小２のぼく（下）。着ているのは（上）の写真（1954年ごろ）で兄が着ていたセーター。もう小さくて、おなかが覗いている。

家族は、父の同級生の世話になり、永福路にあった操業停止中の石鹸工場に間借りした。校舎の工事は、おじ（母のいちばん年長のいとこ）が紹介してくれた、松さんという若い棟梁に頼んだ。おじもときどき見回りにきたが、松さんの仕事は丁寧で、コンクリートの水増しもなく、壁のレンガもきっちり目が揃い、壁面の仕上げも細やかで手抜きがなかった。リビングの天井は、四辺を淡いクリーム色のモルタルで波形を這わせてあった。いま見ると、光沢こそ消えたものの、造形はなおいきいきとリズミカルに波打つ。あれから五〇年近い歳月が過ぎ、いくどかの改築を経ているものの、全体の構造は変わらず、建物はなおしっかりとそこに建っている。中正路に立ち並ぶ日本統治時代のビルにもけっして負けてはいない。

この年、ぼくは小学三年生になっていて、ちょうど物心がつきはじめるころだった。古い家を解体して、新しい家を造っているあいだ、よく永福路の石鹸工場から様仔林へ戻って遊んだ。ある日、晩飯を食べたあと、媽祖廟の前で歌仔戯を見ていたら、夢中になりすぎて夜遅くになってしまい、そのころうちにいたお手伝いのアフンが、もう寝る時間だよと迎えに来た。ところが、それまでぼくらの母親がわりだった彼女は完成した新居に現れず、そのまま実家のある関廟に帰ってしまい、ぼくはがっかりした。次のお手伝いさんをすぐ雇ったが、母のお眼鏡にはかなわず、すぐ別の人に代わった。新しい家と新しいお手伝いさんという環境に放りこまれて、ぼくは突如、自分が成長したことに気づいた。そして自分の周りにあるものがいつまでも同じでなく、変わりつづけていくのだと実感していた。

変わりはじめた古い町並み

母の洋裁学校の新築は、樣仔林という昔ながらのコミュニティにおける変化の象徴であった。古い家屋が立ち並ぶこの路地にあって、我が家はかなり早く建て替えた部類だった。その半年ほど前、うちの斜め向かいにあった靴職人の李(り)さんが界隈(かいわい)のトップを切って、泥レンガでできた古い家を、二階建ての鉄筋コンクリート造りにした。だからぼくは、李さんの建築現場で初めて、鉄筋コンクリートの住宅が建っていく姿を目のあたりにした。基礎を打ち、地下室を造り（空襲に備えた防空壕）、配筋して型枠を組んで、コンクリートを打設したあと、レンガで壁を積み、一階、二階と建ち上がっていく。財力的に二階家しか建てられなかった李さんだが、それでも子どもたちの将来のため、陸屋根（ろくやね）に配筋を残して、三階を増築できるようにした。

李さんのところの建築現場に、ぼくはすっかり夢中になった。驚かされたのは現場に組まれた足場を、少なくない女性が忙しく行き来していたことだ。彼女たちは灼熱（しゃくねつ）の太陽の下、花柄の作業服に編み笠（がさ）という恰好で、さらに花柄の布で頬（ほお）かむりをして、人によっては目以外すべてを覆っていた。長袖（ながそで）の上着に加えて手甲（てこう）をつけていたから、見えるのは五本の指先だけ。上半身をそれほどしっかり着こんでいるのだから、下半身のほうは言うまでもない。彼女たちは農村からやって来た女性で、あちこちの現場で元気そうに、コンクリートの攪拌（かくはん）やレンガと泥の搬入などをして働いていた。のちに農村を初めて訪れたとき、それが彼女たちの農作業時の身支度で、都会の建築現場で同じものを着ていただけだったのだと知った。農地にせよ建築現場にせよ、台湾人女性らしく肌の白さを最優先に守る服装であったといえる。台湾経済の発展にともない、農村の若い女性たちは、家に経済的余裕があれば都会で裁縫を学び、家計が苦しい場合は、農閑期に都会の建築現場で働いた。のちに輸出加工業が勃興したあと、彼女たちはそっくり工場労働者へと変わった［一九六六年に税制などの優遇措置により海外投資を呼びこみ、労働集約型の輸出産業を育成する輸出加工区が高（たか）

図８　様仔林はいま、ほとんどがコンクリート造りの建物になってしまったが、(上)の玄関先に提灯をぶらさげた家——氷式冷蔵庫を作っていた職人・蔣さんの住まいは当時のままである。

図９　かつての末広町銀座のすぐ裏あたり（右下）。
図10　我が家から南へと続く路地（左下）。奥に朝興廟が見える。いずれも2006年撮影。

雄に設置され、台湾の工業化と経済成長を牽引した」。

先にできた李さんの家が二階建てで、そのあと建ったうちが三階建てだったから、屋上に上がって四方を見わたせば、なんともいえないほど素晴らしい見晴らしだった。北の末広町銀座方向が、日本統治時代から立ち並ぶビルで遮られる以外は、平屋の古い住宅ばかりなので広々として、忠烈祠の鬱蒼と広がる森まで見通せ、自分がいちばんになったような気がした。とはいえ、そんな気持ちのいい風景も長くは続かなかった。一九六〇年代の経済成長期は同時に都市改造期でもあり、様仔林の路地も舗装され、一軒また一軒と、新しい家が建ちはじめた。善化出身の医者は四階建ての家を建て、李さんの家の向かい角にあった古い平屋も、コンクリートではないがきれいな赤レンガの二階建てに生まれ変わった。そんなににぎやかな建て替えブームは衰えることなく、一九七〇年代なかば、ぼくが海外に出るころまで続いた。一九八〇年代末にぼくが台南に帰ったとき、住民は同じように路地を行きかっていたが、建物と風景は一変していた。三階建てでいちばん高かった我が家も、このころはご近所のもっと高い家々に埋もれて、すっかり目立たなくなっていた。

うちと李さんの家の建て替えは、この路地の再生を意味していた。相変わらず狭い路地だったが、このころから住民たちの活動にこれまで以上の活気が生まれた。縁日も前より

図11　中正路から路地をのぞく。
2006年、訳者撮影。

多くなり、うちの校舎兼住居の落成からしばらくして、鄭成功がオランダを討ち破って三〇〇年を記念した媽祖巡行が盛大に執り行われ、細い路地をぐねぐねと神輿が練り歩いた。洋裁学校の生徒も右肩上がりに増え、うちの前には彼女たちの自転車があふれ、でもどうしようもなかった。幸い、路地は狭すぎてどの大通りからも車は入れず、バイクだって当時は多くなかったから、停められた自転車が交通の妨げになることはなかった。大通りから聞こえる車のけたたましい音から隔絶され、この狭い路地は今もなお静けさを保っている（図8-11）。

1960-74

路地裏で花開く洋裁学校の全盛期

農村の少女が次々に

樣仔林(ぞうしりん)の路地はいま静けさに包まれているが、一九六〇年代、母の洋裁学校は活気にあふれていた。新校舎が完成したあとも生徒は増えるいっぽうで、とくに市外、県外からやって来る入学者の増加は顕著であった。こうした生徒たちは一九五〇年代末からいて、最初はひとり、ふたりぽつんと混じるくらいだったのが、そのうち三人、四人と連れ立ってやって来るようになり、母は彼女たちのために、近所の下宿を見つけてやらなければならなくなった。そんな彼女たちの出現はつまり、台湾の農村に起こった大きな変化の現れであった。

母は彼女たちに、午前と午後のクラスを同時に履修することを許した。そうすれば初級コースから上級コースまで、四ヶ月で修了でき、お金も時間も節約できる。まさに少女時代の母が、東京洋裁技藝学院で勉強したのと同じやり方である。彼女が言うには、農村出身の生徒たちは洋裁の習熟度がまちまちで、最初から初級と上級を同時に履修できるものもいれば、まったく基礎がなく、はじめは初級コースだけ——たとえば午前は製図、午後は実習などを履修させ、ある程度力がついてから上級コースに編入させることもあった。いずれにせよ、生徒のレベルによってカリキュラムを調整しなければならないものの、この履修方法は最後までずっと続けられた。

新校舎落成後、一階の階段裏の小さな部屋を地方出身の生徒の寮にあてがっていたのが、みるみる手狭になると、母は、三階の二部屋を寮に造り替え、屋上に浴室とトイレを増設、一階の空いた空間を実習室に組みこんだ。これは新築から一、二年のあいだに起こったことで、ぼくら兄弟はあっという間に三階の遊び場を失ってしまった。もっとも、中学受験が近づいていたぼくに、遊んでいる時間などなかったのだが。

三階は広い畳の部屋で、一〇人以上の生徒が寝られた。そこが満員になったときはやはり、近所に下宿を探した。遠方から入学した生徒はだいたい三、四人のグループで、その出身地は雲林(うんりん)や屏東(へいとう)の有名な客家(ハッカ)村・六堆(ろくたい)など、台湾南西部にくまなく分布していた［客家とは、漢民族のうち広東省などの山間部に分散して居住し、独自の風俗と言語を持つグループのこと。移民する者が多く、台湾への移民は閩南(びんなん)系より遅れたため、北部（桃園(とうえん)、新竹(しんちく)、苗栗(びょうりつ)）や南部（高雄(たかお)、屏東）に集中した。現在台湾に住む客家人は、人口の一五％弱といわれる］。住みこみの生徒は四六時中、一階の教室と三階の寮を行ったり来たりして、ぼくらと同じ階段を使っていたから、家中がとてもにぎやかだったし、彼女たちのおしゃべりから、それぞれの出身地のなまりを耳にすることができた。

ぼくが小学校に上がる前の古い家に、澎湖（ほうこ）出身の生徒が下宿していたことがあった。台湾で広く話されている「台湾語」は、中国大陸より移民してきた漢民族の多数を占める福建南部の方言（閩南語）だが、台湾のなかでも各地で細かい差がある。ぼくら台南人の台湾語は、漳州（しょうしゅう）出身者と泉州（せんしゅう）出身者の異なるなまりが偏差なく混じり合った「漳泉混（チャンズアンフン）」であった。一方、人懐っこいそのお姉さんには、それとはずいぶん違ったイントネーションがあり、そんな言葉づかいが、ぼくにはとてもおもしろく感じられた。お姉さんは澎湖なまりの台湾語で、わらべうたを教えてくれた。歌詞はぜんぶ、食べ物とその味を組み合わせた言葉遊びで、ぼくは今でもそらで歌える。そんな、台湾南部の各地からやって来たお姉さんたちのなまりが、母の洋裁学校に集い、華やいでいた。

一九六〇年代の初めごろ、家の階段のところで、それまで一度も聞いたことのない言葉を耳にした。台湾語でも中国語でもない言葉を、数人の生徒が話していたのだ。母に訊ねると、彼女たちは屏東出身の客家の少女だという（図2）。台湾語があふれかえる旧台南城エリアで、ぼくが初めて出会った客家の人であり、そして初めて聞いた客家の言葉であった。もっとも、この数年後、母について洋裁を教えていたいとこが客家の男性に嫁ぐことになるのだが。

こうした台湾南部の農村の少女たちの多く――とりわけ客家の村の少女たちは、田んぼで農作業するのがさだめであった。洋裁を習得したあと、彼女たちの多くは家に戻って農業を続けたし、それとは別の人生を期待するものもいた。ある客家出身の生徒は白くて美しい肌の持ち主で、幼いころから野良仕事をしていたはずなのにと、母はひどく驚いたという。また、別の農村から来た少女は、「針と糸を動かすのは、鋤（すき）や鎌を使う仕事よりつらいです」と、こぼしていたそうだ。

客家の少女たちが台南で洋裁を学ぶということは、必然的に母が話す台湾語を理解しなければならないということであった。勉強というものを日本統治時代の公学校でしかしたことがない母は、日常生活で使う台湾語をベースに、洋裁の専門用語は日本語をそのまま使って教えていた。一九五〇年代の生徒たちには、この方法でも支障なかったが、その後

図1　1960年代、地方から多くの生徒が入学してくるようになった。（上）は新校舎ができた年の秋、3階の屋上部分で撮った写真。
図2　1962年12月、客家村出身の生徒たちとの記念写真（下）。

は徐々に、日本語の用語を台湾語へと切り替えていった。たとえば、洋裁学校の正式名称にある「縫紉」は「ホンティ」と台湾語の発音で生徒の口から発せられたし、日本語の漢字をそのまま使った「原型（グアンヒュン）」や、ソーイングボディを意味する「人形（ランヒン）」、さらに戦後の流行であるチャイナドレス――「旗袍」は、中国語の発音たる「チーパオ」でなく、「ギーパウ」と言い換えられ、昔はよく使われた「長衫（デンサー）」という台湾語の単語はかえって使わなくなった。

言語的にいって、台南は非常に保守的なところだ。日本による五〇年間の統治を経て、多くの日本語が台湾人の日常的な語彙（ごい）となったが〔「オートバイ」「父さん」「一番」など〕、台南人にかぎっては、同じ意味になる台湾語があればそちらを使った。たとえば台湾で今でもよく会話に交じる「トマト」は日本語から流入した単語だが、台南では「柑仔蜜（ガンマービッ）」と呼ぶ。「ミシン」も日本語でなく「裁縫車（ツァイホンチアー）」を用い、裁縫道具を入れるような「ケース」も、台南では「梭子殻（ソージーカッ）」となった。だから、母の使う言葉もだんだんと、台湾語へと回帰していった。

このように、台湾語が主たる言語環境であったものの、客家の少女たちはおおむね、母の教える言葉を理解したそうだ。時を同じくして、洋裁を習いたいという外省人の女性も

図3　1961年に撮られた、母(左)と生徒のツーショット写真。

増えた。彼女たちはみな主婦だったが、台湾語の授業には苦労したようだ。幸い、母以外の若い先生や助手たちは戦後の中国語教育を受けていたし、教材自体は中国語で書かれていたから、大きな問題にはならなかった。「家族のチャイナドレスをすべて自分で縫いました!」と、嬉しそうに報告しにきた外省人の生徒がいたことを、母は記憶していた。当時、仕立て屋に頼むと、それなりの費用がかかったのである。

路地裏で花開く洋裁学校の全盛期

母の洋裁学校は、地元の生徒にせよ、地方出身の生徒にせよ、そのほとんどが女性だった。四〇年にわたる彼女の洋裁教育の人生においても、男性の生徒というのは本当に数えるほどしかおらず、いても年にひとりいるかいないか。それも一九六〇年代に入ってから現れた現象だった。華やかな女性ばかりのクラスに男性がひとりとはなかなか気まずい気もするが、母は気にせず彼らを受け入れた。母によれば、入学した男性はみな若く、当時、新興産業だったアパレルメーカーに関わる人が多かった。彼らは洋裁を専門技術と考え、だれもが真剣に授業を受けていたという。周囲の女性のことなど気にする暇もなかったわけだ。

台湾のアパレル産業は一九六〇年代に勃興し、既製服メーカーは当然、服飾デザイナーを必要とした。その大多数は女性であったが、そんな専門職を志す男性もいた。彼らのなかには洋裁の基礎から学ぶものもいたし、デザインだけ勉強するものもいた。またアパレルメーカーの社長が技術面について理解するため、初級コースを受けに来たり、奥さんを通わせたりもした。卒業生たちは、実際の製作現場で技術的な問題にぶちあたったとき、よく学校を訪ねて、母に助けを求め、母もまた熱心に問題解決のアドバイスをした。あるメーカーの社長が、かつて母の授業を受けさせた奥さんをともなって相談に来たこともあって、その解決策を説明したところ、奥さんのほうは首をかしげているのに、社長はすぐ腑（ふ）に落ちたらしく、母は内心、「どっちが卒業生かわからない」と思ったという。

とまれ、洋裁といえば、先生から生徒まで女性と相場が決まっていて、母の記憶によれば、台南の洋裁学校で男性の先生がいたのは一校きりで（それも一九七〇年代に入ってからのこと）、製図を教えていただけだった。そういえば、ある年の新学期、複数の男性が授業中勝手に入ってきて、教室のいちばんうしろでじっと立っていたことがあった。生徒のひとりが、キッとふりむいて、「××洋裁学校の方ですよね?」と質すと、彼らはさっと教室から立ち去った。とにかく奇妙な出来事だったが、その学校は開校間もなかったため、きっと母の評判を聞いて偵察に来たのだろう。その人気の秘訣を発見できたかどうかはわからないが。

台湾のアパレル産業は、勃興期においてはなお家内制手工業のところも多く、洋裁学校とは一種、持ちつ持たれつの関係にあった。台湾人にまだ既製服を買う習慣がなかったころ、とても印象に残る生徒がいた。林夫人という彼女は、流行の服をデザインしてサイズ展開させ、雇った縫い子が縫製したものに最後、自ら得意とするレースをつけて完成させた。さらに大胆にも、高雄にあった戦後最初のデパート「大新百貨」にそれらを持ちこみ、重役相手に意気揚々とセールストークを重ね、ショーウィンドウで売り出すことに成功した。しかもその儲けたるや相当な額だったといい、その後もそんな家内制手工業の生産方式で、大手アパレルメーカーが誕生し、参入してくるまでずっと大新百貨に納品しつづけ、台南にビルを建てるほど儲けた。

母の学校に通っていたころ、彼女はいつも娘を連れてきた。製図の勉強をしているお母さんのそばで、その子はずっとおとなしくしていた。のちに夫婦仲が悪くなり、ケンカして家を出た彼女を、母はうちに住まわせた。洋裁を学びながら雑用を手伝っていたのだが、残念ながら娘は夫のところに残してくるしかなかった。ぽっちゃりめの体型で繊細な性格をしていた彼女は、身の上話をしながらよく涙をこぼした。このころ、彼女とお手伝いのアフンに連れられ、日本映画を観に行ったことがあった。笑いながらほろりとさせられるようなホームドラマだったが、彼女はずっと泣きっぱなしで、子どもだったぼくはすごく恥ずかしく思ったことを覚えている。そんな彼女の人生もまた、いっしょに観た日本映画のように、悲劇と喜劇の繰り返しだった。その後彼女は、母の助言を聞き入れて別居をやめ、夫とよりを戻したあと、男の子をひとり授かった。そして、商売も先ほどのような大きな成功を収めた。

アパレル産業の誕生——とりわけ一九六〇年代末以降、既製服の輸出が大幅に増加したことにより、洋裁学校は新たな黄金時代を迎えることとなった。一九七〇年代に入ると、多くの台湾人女性が既製服メーカーに入るためのスキルとして、洋裁を学んだ。だから母の洋裁学校もそんな女性たちであふれ、母は息をつく暇もなかった。

新しい校舎で迎えた一九六〇年代、それぞれのなまりを持つ地方出身者が数多く入学し、なおかつ夜間コースはずっと満員だった。それに加え、アパレル産業への志望者増加のおかげで、また教室が足りなくなってきた。

うちの北隣には木製サンダルを作る木工所と時計屋が並んでいたが、一九六〇年代のなかごろ、その地主である張さんが、あわせて一〇〇坪強の土地を買ってくれないかと相談に来た。当時、新校舎建設時の負債は完済しており、いいチャンスだと考えた母は、そのうち学校に隣接した三〇坪を購入することに決めた。地主の言い値は坪六〇〇〇元だったから、総額およそ一八万元であった。

地主の張さんは、清の時代から様仔林界隈に広大な土地を保有し、一八八五年には、彼ら一族の邸宅に、台南接収の軍を率いる北白川宮能久親王が逗留したことがある「張紹芬宅。病が進んだ能久親王はその後、呉汝祥宅へ移り、歿した」。のちの都市計画により、彼らの土地の大半は台南州庁に収用されて、能久親王を祀る台南神社の一部となった。

母は張さんから土地を買ったあと、そこにあった一階建ての建物を二万元かけて改築し、四つの部屋とキッチン、トイレ、浴室を備えた寮にした。これで、三〇人以上の下宿生を住まわせることが可能となった。下宿生はみなこちらに移り、ぼくたち兄弟と祖母は、空いた三階に移った。二階のぼくらの部屋は母の仕事部屋となり、祖母が使っていた寝室は、

図4　1960年10月、第24期生の卒業写真（上）。新校舎が完成して半年も経たないころ。服装にはまだ、1950年代の雰囲気が残る。

図5　1968年２月、第46期生の卒業写真（下）。1960年代のスタイルに移り、ロングヘアと尖ったパンプスが少し目立ちはじめた。

お手伝いさんや地方から来た助手にあてがわれた。

そんな助手のなかに雲林・北港(ほっこう)出身の女性がいて、高校卒業後、うちに住みこみ、しばらく寝食をともにした。彼女はカリキュラムを終えたあとも洋裁学校に残り、無給で母の助手をつとめた。つまりかつての徒弟制度のように、母から裁縫の技術と教授法を学ぶためで、実際、彼女は北港へ戻って結婚したあと、洋裁学校を開いた。彼女のような例は少なくなく、ふるさとに帰って洋裁店を始める人はもっと多かった。一九七〇年代に手が届こうとするころ、母の生徒たちはすでに台湾南部の各地で洋裁の花を咲かせようとしていた。母が洋裁学校を始めてまだ二〇年も経っていないころである。

洋裁という業種がもっともてはやされたのは、一九七四年であろう。母はそのころ、貯めたお金で一階建てだった寮を解体し、三階建ての家を新築した。この新居の設計に母は積極的に関わり、彼女にとって理想的な間取りを実現させた。そしてそれまで家族が住んでいた三階建ての校舎兼住居をそっくり生徒たちのための教室と寮にした。これで教室の不足が一気に解消されただけでなく、寮の収容人数を確保したうえ、アパレル志望者向けのデザインコースを開設する余裕もできた。新しい家の建築費用は一五〇万元［一九六八年の月の最低賃金六〇〇元は、七八年に二四〇〇元へと改定された。二〇一六年現在は約二万元］だったというから、規模はほとんど変わらないにもかかわらず建築費用は一九六〇年の三〇万元の五倍、つまりは七四年までの十数年間で台湾の物価および貨幣価値が急激に上昇したことがわかる［行政院主計総処が発表する消費者物価指数を見ると、一九七四年の物価は二〇一六年の三分の一、六〇年は同八分の一程度。二〇一六年現在のレートで、一元（台湾ドル）はおよそ三・一円］。

その翌年、ぼくが海外へ留学するころにも、母は学校のさらなる拡張に心を砕いていた。すでに新しく建てた三階建ての家に引っ越していたが、部屋数が増えたいっぽうで、ふたりの息子のうち兄は台南を出て働いており、弟のぼくはじき海外へ行く。加えて祖母が数年前に亡くなっていたから、父母ふたりにそんな大きな家は必要なくなっていた。だから三階は、親戚の新婚夫婦ふた組に貸すことにした。その妻たち——文里（ぶんり）と淑珍（しゅくちん）は、どちらも母の洋裁学校を長く手伝ってくれていた。古いほうの三階建ては一階は教室のまま、家族が住んでいた二階を改装し、半分は製図とデザイン科の教室を増設、残り半分は生徒の寮にした。そして三階は、十数年前に戻って、ふたたび寮となった。

これが、母の洋裁学校における最盛期だった。台湾はまだ、石油ショックとそれにともなう不景気を経験する前で、電子・情報産業の基礎がやっと固まりつつあるなか、繊維・アパレル産業はまさにそのピークを迎えようとしていた。

新時代の到来

母の洋裁学校は、一九五〇年代から七〇年代にかけての二十数年間で大きな変化と成長を遂げた。こんな人生を送ることになるとは、母自身、考えてもいなかったことだろう。当時、台湾の政治情勢は比較的安定しており、人口は増加し、産業は発展し、都市も地方も大きくその姿を変えていた。つまり、持続的な経済成長のただなかにあったのだ。一方、ぼくら戦後第一世代は、生活環境における物質的な変化、とりわけ樣仔林という昔ながらのコミュニティが変わっていくさまをまざまざと見せつけられ、さらに精神面においては、一九六〇年代に世界中を席巻していた学生運動、政治運動の洗礼をもろに受けた。思想、文学、映画、音楽、そしてファッションの新たな潮流が激しくぶつかりあう、まさにそんな時代だった。

またこの時期は、ぼくが小学校に入って字を習い、中高を経て、大学に入るまでの人格形成期と重なり、自らの成長とともに、この路地に起きた変化と母の学校の最盛期を見守ったということになる。一九六〇年にうちが新しく三階建てのビルになったとき、周りの住宅はまだ古びた平屋ばかりだった。そして、洋裁学校の入学者が増えつづけていくあいだ、路地に残されていた昔の家はひとつ、またひとつと取り壊され、二階建て、三階建てへと変わっていった。建設工事の槌音が聞こえない日はなく、ぼくが海外留学する一九七五年ごろもまだ続いていた。戦後台湾の経済成長の波が、古い民家をなぎ倒していく大スペクタクルが、真新しいコンクリートの壁に映しだされているかのように……。古い路地に住む昔ながらの住人たち――料理人、職人、学校の先生、物売り、そして零細企業の社長は、いくらか蓄えができたところで、まず電気冷蔵庫を買い、それまで使っていた氷式を捨てた。それから当時流行していたテレビやレコードプレーヤーを揃え、仕上げは当然、いちばん大事な住み処を鉄筋コンクリートのビルにした。

路地を出て、中正路を見上げれば、昔「銀座」と呼ばれた町並みはいずれも日本統治時代に建てられた堅牢な店舗兼住宅で、米軍の空襲でも大きな損壊を免れ、道路の両側に今もひと続きのまま堂々と立ち並び、かえって建て替えは進んでいない。まさか、大通り全部を更地にして、再開発するわけにもいかない。ところが、路地へ足を踏み入れてみれば、昔からこの地に住む住民たちは、次々と家を建て替え、その風景をめまぐるしく変えてゆく。それと比べればゆっくりではあるが、大通りに面した商家でもまずは内側から改装が進められていった。そして一九六〇年代に入ると、外壁も一軒一軒リニューアルされていき、ベランダや窓枠、手すりなどもデコラティブに付け加えられ、数十年経ったいま見れば、まさかもともと同じデザインで、こげ茶一色のひと続きの建物だったとは、だれも考えつかないだろう［ハヤシ百貨店を起点に、末広町通りの両側を西へと続く三階建ての店舗兼住宅は同時に開発された。完工は一九三二年］。

そんな建設ラッシュのなか、様仔林の媽祖廟・朝興宮だけはずっと姿を変えなかった。総代たちが相談を重ね、建て替えを決定したのは一九七〇年代末であった。新しい建物は、三階建てとはいえ、伝統的な台湾式の廟宇で、ただ一階と二階は住宅として賃貸に出し、家賃収入で財政基盤を安定させた。でもそれ以降、廟前の広場も大きなガジュマルの木も消えてしまった。

このころのぼくは、一九六〇年代台湾の現代思想の目覚めと広がりを肌で感じていた。蔣介石の国策顧問であった雷震が編集し、反共から独裁統治批判へと主張を転換させた雑誌『自由中国』と、台湾大学哲学部教授・殷海光が提唱した「自由主義」をはじめ、評論家・李敖が訴えた「個の解放」、小説家・陳映真が実践した「弱者へのいつくしみ」と「社会への異議申し立て」、さらに保釣運動［石油資源発見と沖縄返還をきっかけとして発生した、

「釣魚台（尖閣諸島）」の領有権奪還を主張する台湾人（主に在米留学生）の抗議運動」の基礎となった反帝国主義と左翼思想……いずれもが同世代の繊細な文学青年に大きな影響を与えた。もともとエンジニアか医者になろうと頑張っていたぼくも、いつしか歴史の意味を考え、哲学的思索を重ねるようになり、隠蔽された真実を探求し、理想的な政治を実現するための道を模索しはじめた［雷震は一九六〇年野党結成に動いたのち、反乱罪で逮捕・収監され、雑誌も発禁となる。殷海光も一九六六年、政治圧力で大学を追われたあと、国民党の監視下に置かれ早逝。李敖は一九七一年に内乱罪で逮捕・入獄。陳映真は思想犯として一九六八年に逮捕され、緑島で監獄生活を送ったのち、執筆、雑誌編集など積極的に活動した］。

若い世代がそんなふうに、次の時代を動かす力を育んでいたころ、母もまた新しい時代の到来を感じ取っていた。生徒数の増加やその出身と入学動機の移り変わり、さらにミニスカートやパンタロン、長髪などのファッションの新しい動向を、ごく身近で目撃していたからだ（それに息子のわけのわからない反抗的態度もあった）。もっとも彼女があのころの社会から感じていたのは（ぼくのそれとまったく異なり）、どこまでも前向きで、努力を惜しまぬムードであり、同時に女性の自己実現の可能性と新しい時代に生きる難しさであった。

母が若かったころは、洋裁を学ぶというだけで、一族の長老たちを説得する必要があった。当時、家を出て洋装店に見習いに出ることは簡単ではなかった。一方、この時代には、あふれるほどたくさんの若い女性が洋裁学校で勉強し、洋裁で身を立てるものも少なくなかった。加えて、夜間コースが開設以来、常に定員オーバーという状況は、一九五〇年代以降、数多くの女性が職を持ち、昼の仕事を終えたあともなお勉強したいという気運があったことの証しだ。専門的な仕事を持ちながら趣味として洋裁を学ぶものもいたし、あるいは販売員や単純労働者なら、もっといい職に就くため洋裁技術を身につけようとした。かつて台湾の保守的な家庭観によって、女性の自立は抑圧されたが、政治と経済のドラスティックな変化のあと、底が抜けたように締めつけはなくなった。

昼のコースの受講者は、もともと市内か近郊に住む女性が多かった。専業主婦以外に、高校を卒業したばかりの若い女性、あるいはしばらく仕事を休んで手に職をつけようと考える女性、そして花嫁修業中の人もいた。ところが一九六〇年代になると、台湾南部の農村から来た若い女性たちが急激に増え、母の洋裁学校でも大半を占めるようになった。家に戻れば農作業が待っていた彼女たちは、洋裁という近代女性として持つべき技能を習得しただけでなく、少なくないものがふるさとに洋裁店、あるいは洋裁教室を開いた。農村の女性が都会に洋裁を習いに来るという現象は、一九五〇年代以降の農業社会の変化の帰

図6　1969年2月、第49期生の卒業写真(上)。
図7　1969年6月、第50期生の卒業写真(下)。ミニスカートもチャイナドレスもまだまだ人気である。

結といえ、同時に農村女性の社会進出の始まりでもあった。その後、一九七〇年代に入るとまた新たな現象があらわれた。アパレル産業を志望する生徒の増加である。母の洋裁学校は、そんな産業構造の変化と強く結びついていたのだ。

一九五〇年代からの二、三〇年間、台湾人女性はそれぞれ置かれた条件下のもと、競い合って洋裁を学び、自らの手でさまざまなスタイルの美しい衣装を作り出した。それはきっと、あの時代を生きた女性たちの、自分らしさの表出ではなかったか。洋裁は、女性の自立に必要不可欠な技能というだけでなく、彼女たちの自己表現の舞台でもあった。布を選び、雑誌や仕立て屋を覗いてスタイルを考え、採寸から裁断、仮縫い、試着、本縫いまで自らの手で完成させる——そんな手間のかかるプロセスは、現在のように百貨店に並ぶ無数の既製品からなんとなく選んで買うのとはまるで異なる行為であったのだ。

1974-94

終わりの季節

歴史的役割の終焉

一九七〇年代、急速に成長した既製服メーカーは、デザイナーやパタンナーなど多くの人材を必要とした。就職を目標に、母の洋裁学校に入学する女性が増え、なかには卒業後、自ら起業してアパレルメーカーを立ち上げるものもいた。既製服が輸出の花形だった当時、母に共同経営を持ちかけた投資家はひとりやふたりではなかった。しかし、自分は商売に向いていないと考えた母は、自分の情熱を存分にそそぐことのできる教育の場から出ないと決めた。

そんな母にしても、アパレル産業の隆盛にともなう需要の変化には対応しなければならない。既製服のデザインはそれまでのオーダーメイドとは作り方がまるで違っていたから、母は既製服を研究し、その特徴をつかもうと、長く手伝ってくれている助手の淑珍（しゅくちん）に、既製服のデザインとパターンを学びに行かせた。上級コースに加えた既製服デザインの授業も、一九七〇年代には拡充させ、デザイナーとパタンナーを養成するデザインコースとして独立させた。これが母の洋裁学校の最盛期で、そんな新しい需要を満たすために三階建てのビルがまるまるひとつ校舎として要ったのである。

アパレル産業と洋裁学校が活況をみせるいっぽう、一九七〇年代は、台湾にとって内外の政治および経済情勢がもっとも劇的に変化した時期でもあった。一九七一年、保釣(ほちょう)運動が起こり、同年一〇月、中華民国は国連を脱退。翌年春にはニクソン訪中があり、当時台湾で叫ばれていた言葉は「風雨飄揺／処変不驚」――不穏と変転にあってうろたえてはならぬ、であった。一九七三年には第一次石油ショックが起こり、それに付随するインフレーションと不景気はこの小さな島を直撃した。戦後世代が初めて経験する経済危機であったが、台湾はなんとかそれを乗りきった。

台湾に電子産業が誕生したのも一九七〇年代である。産業界の研究開発を主導する工業技術研究院が一九七三年に設立され、七六年には半導体の国産化に成功。同じころ、パソコンメーカーのエイサー（宏碁）の創業者・施振栄(スタン・シー)、半導体ファウンドリのUMC（聯華電子）の創業者・曹興誠(そうこうせい)、台湾初の電卓を製造した三愛電子［一九八四年倒産］の創業に関わり、電子機器受託メーカー・コンパル（仁寶）を経て、自らクアンタ（廣達）を興(おこ)した林百里(バリー・ラム)、

図1　1973年6月、第62期生の卒業写真（上）。60年代を経て、生徒たちの表情が明るく、社会が開放的なムードになってきたことを表している。
図2　1975年、第68期生の卒業写真（下）。ミニスカートのブームは落ち着き、膝丈のスカートと、厚底サンダルが流行っていたようだ。また写真のヨコ書きの文字が左始まりから右始まりに変わり、年号が民国年から西暦になったのも大きな変化である。

同じくインベンテック（英業達）を興した温世仁など、戦後世代の新しい技術者が育ち、電子機器メーカーが綺羅星のごとく誕生した。そして一九八〇年を前後して、美麗島事件［一九七九年、言論雑誌『美麗島』が中心となり強行された反政府デモと、それに対する鎮圧事件。主導した政治活動家たちの裁判は、アメリカの強い圧力で公開され、裁判の被告と弁護人はのちに、民進党の主力メンバーとなる］など多くの政治事件が発生したが、台湾経済はそれにまったく左右されなかった。エイサーのパーソナルコンピュータ「ＭＰＦ Ｉ（小教授一号）」が発売されたのは一九八一年。台湾は本格的に情報産業の時代に突入した。

　繊維・アパレル産業も右肩上がりの成長を続け、既製服の輸出額も史上最高の水準に達していた。一九七五年には、総輸出額に占める割合が一七％を超え、繊維部門全体では二八％を占めた。その後、割合は下がるものの、繊維産業と合わせた輸出額はなお伸長し、一九七〇年代初頭の一〇億米ドル未満から、八七年の四四億米ドルまで成長した。ぼくがアメリカで暮らした一九七〇、八〇年代には、百貨店で「Made in Taiwan」のタグがついた洋服をよく目にしたものだ（ブランド自体はアメリカのものだった）。当時アメリカはとうに既製服の時代を迎えており、台湾はそのスタートラインに立ったばかりだった。

　一九七〇年代以降の十数年、母の洋裁学校は内外の情勢の大きな変化にもかかわらず、悪影響をこうむることなく、むしろその恩恵を受けたといえるだろう。これは台南の古い洋裁学校が共通して見た時代の光景だった。

一九七〇年代は母の洋裁学校の最盛期であったと同時に、台湾人女性の服飾習慣の大きな転換期でもあった。台湾人の所得は、石油ショックがもたらしたインフレーションを経て大幅に上昇し、一方でオーダーメイドに比べてはるかに安い既製服が、当時新興といわれた「遠東」などの百貨店のショーウィンドウに並ぶようになった。洋裁学校の最盛期とはつまり、台湾人女性にとって服が「作る」ものから「買う」ものへと変化した過渡期と重なっていたのだ。また一九六〇年代から大学・専門学校などの高等教育機関に服飾デザイン系の学部が設立され、正規の教育制度のなかでの人材育成が始まった。同時に、台湾でも、女性の既製服が良質で、ファッショナブルであるという認識が芽生えていた。

一九八〇年代、洋裁ブームはまだ続いていたが、峠はすでに過ぎていた。高度な教育を受けて社会に出た女性たちはもはや、洋裁が自分に必要な技能とはみなさなくなり、夜間コースの人気は徐々に落ちていった。さらにこのころ、女性が洋服を「作る」ことも仕立て屋に頼むこともなくなっていた。彼女たちは新しくできた大きな百貨店に行き、既製品が並ぶなかから、さまざまな素材、フォルム、色、スタイルの服を自由に選び、購入できるようになり、加えて、「ブランド」というものが流行りはじめた。

一方、洋裁学校の生徒増加の原動力であったアパレル産業の業績もまた、ピークにさしかかっていた。一九八七年、既製服の輸出額は史上最高額に達し、七〇年代ほどではないにせよ、総輸出額の八・三%を占めていた。ただし、二〇世紀末のグローバル化と生産移転の趨勢(すうせい)のなか、下り坂に転じたアパレル産業では多くの縫製工場が海外へ——まずは東南アジア、のちに中国へ移った。そうやって人件費を抑えなければ、競争力を保てなかったのである。一九九四年の既製服輸出額はピーク時の半分にまで減少し、総輸出額に占める割合も二・七%に下がった。その後もマイナス成長を続け、重要な輸出産業といえなくなったどころか、二一世紀に入って一%を切り、二〇〇七年は〇・二九%と七億米ドルにまで縮小した。

母の記憶によれば、洋裁学校の経営状態はみるみるうちに悪化し、一九九〇年を境に生徒数が急減したあと、二度と増加することはなかった。台湾は一九八七年に戒厳令［一九四九年に国共内戦下の共産党勢力を摘発する目的で発令され、その後三八年間続いた。司法権などが軍部に掌握されたことにより、基本的人権や言論の自由が著しく損なわれ、数多くの市民が咎(とが)なく逮捕、殺害、

図3-4　1980年代の卒業写真。もう写真館に頼んで、かしこまって撮ることはなくなり、教室を使った卒業パーティで、だれかが持参したコンパクトカメラで撮ったものである。

収監された」が解除されたあと、政治も社会もまるで嵐のような変革期にあった。現在、世界最大のファウンドリ企業となったＴＳＭＣ（台積電）や、マザーボードの世界シェアナンバーワンのＡＳＵＳ（華碩）がそれぞれ設立されたのは一九八七年と八九年、つまり電子・情報産業のさらなる成長は、台湾における産業の新たな転換期の訪れを意味していた。アパレル産業の海外移転は、洋裁を学ぶ生徒を根こそぎ奪い取り、一九六〇、七〇年代に黄金期を迎えた洋裁学校もついに終幕のときを迎えた。

母は一九九四年三月——第一二五期生の新学期開始を機にリタイアした。リタイアといっても、すぐに学校を閉じるのではなく、教壇からは退いたものの、長らく母を助けてくれたほかの先生たちの力で続けられるよう道を譲ったのだった。第一二五期のクラスをまかせたうえ、授業料も彼女たちに相応の比率で分配した。しかし、そんな最後の努力もむなしく、今後の見通しが立たないという理由で、第一二五期の修了をもって、東洋裁縫学院は正式に閉校した。

洋裁学校を閉じた最大の理由は無論、母の年齢だが、加えてふたりの息子の妻はそれぞれまったく別の仕事をしていて、学校を引き継がせることができなかったし、さらに母を

図5　1990年5月、政治に興味のない母を連れて、中正紀念堂で撮った写真。同年3月ここで国民党独裁の象徴たる万年国会の解体などを訴える「野百合学生運動」が行われていた。

サポートしてくれていた人たちは、年齢的に十分資格はあったが、もはや洋裁の時代ではないと悟り、手を挙げるものはひとりもなかった。彼女たちのなかには、母といっしょにリタイアしたものもいたし、自分の家で仕立ての仕事を続けるものもいた。さらにデザインに長けた淑珍は、アパレルメーカーにデザイナーとして就職した。リタイアしたとき、母は七七歳。一九五三年の春、台銀の社宅で生徒をとるようになってから四一年。一九三〇年代、少女だった母が、日用品店の包装紙に使われていた古雑誌に見つけた洋裁のページをきっかけに、自らの腕だけをたよりに洋服作りを始めてから還暦と同じだけの、六〇年の歳月が過ぎていた。

母の古い洋裁仲間でいうと、文夏（ぶんか）の母——台南の洋裁界の重鎮であった文化洋裁学校の王（おう）先生は、すでに亡くなっていた。歴史の長い鶯鶯（えいえい）洋裁学校も後継者がおらず、学校をたたんだ。比較的新しい清美（せいび）洋裁学校は、お嫁さんがあとを継いで、一九九〇年に免許を変更し、大学受験向けの予備校に転業した。こうして長年多くの台湾南部の女性に洋裁技術を教えてきた学校は、そのほとんどが静かにその看板を下ろした。今わずかに残る数校も、かつての活況はない。

手を動かす仕事は儲からない

母のおよそ六〇年にわたる洋裁人生は、一九三〇年代から九〇年代まで――ちょうど近代における台湾人女性が洋服に出会い、ともに成長していった時代と重なっている。一九三〇年代より前、伝統的な針仕事である「女紅（じょこう）」は、どんな女性であっても必ず身につけていなければならぬ技能であり、その後近代化する社会にあって、洋裁はそれに代わる、女性が自立するための武器となった。戦後、一九五〇年代より始まる経済成長期に、洋裁ができれば、女性は自分らしい生き方を選ぶことができた。しかし、時代がさらに進み、洋裁が女性に選ばれることはなくなった。それ以外に数多（あまた）ある選択肢のなかに埋もれ、洋裁学校の黄金時代も終わったのだ。

母は感慨深げにこんなことを言った。子どものころ、老人たちがよく「工字無捅頭（ガンリーボートンタウ）」［直訳すれば、「工」の字は頭が出ないの意］と嘆いていた。つまり、「工」のタテ棒が上のヨコ棒に押さえつけられているように、体を動かす仕事は儲からず、浮かばれないというのだ。母にとっても、「工」という字が指すのは、「裁縫」のような昔から変わらぬ手仕事であり、その衰退は時代の趨勢でもあった。

様仔林（ぞうしりん）でも、手や体を動かして稼ぐ職人たちが次々に消えていった。手縫いの運動靴を作っていた李（り）さんは早くに亡くなり、蔣（しょう）さんが作った氷式冷蔵庫はいつしかだれも使わなくなった。幸い、いつも食べていた米粉の茶碗蒸し屋（阿全碗粿（アッワンワーゴエ））だけは今も残っている。米粉を陶器のお碗（わん）で蒸し、さっぱりめの醤油だれ（醤油膏）とニンニクで食べる、昔ながらの味である。台南の古いものは、屋台でのみ守られているということだろう。一方、母が培（つちか）った洋裁という技能は、完全に消えたとはいわないが、かつてのように華やかな時代はもう戻ってこない。

一九六〇年、うちの校舎兼住居を新築したときに、黄緑色のソファーを買ったのだが、九〇年代になって、骨組みはまだしっかりしていたものの、合皮の座面と内部のバネがだいぶヘタってきた。台南にまだひとり、古いソファーの修繕ができる老職人がいると聞いて、仕事を頼んだ。するとうちのソファーは間違いなく、その老職人が三〇年前に作ったものだという。自分が作ったものを直すことなどわけない話で、バネを取り替え、新しくベージュの座面に張り替えたら、まるで新品同然に戻った。一生涯、頑丈な家具を作りつづけ、三〇年経っても自分の作品だとひと目で見抜く老職人も、今はほかの名人たちと同様にリタイアしてしまった。若い世代にこんな人はいないだろう。

近代における工業と商業の高度な発展のもと、そんな昔ながらの手仕事が生存しつづけることは、たしかに難しい。しかしながら、姿かたちを変えてまた現れるものもある。「工」が難しいなら、頭を少しだけもたげて「士」にすればいい。つまり手を動かす仕事でなく、頭を動かす仕事という意味だが、たとえば手先の器用な東洋の女性は刺繍や洋裁に向いていたが、教育レベルが向上したいま、同じ手を動かすなら、創作や執筆に向いていたりするのではないか。こんなふうに台湾人女性が、手から頭へと働き方を変えた背景には、母がずっと嘆いていた、学びたくともそれが許されなかった時代的制約から、彼女たちが解き放たれたことを意味する。今、服飾業界において、いちばん人気がある職種はデザイナーだろう。これも新しいかたちの「士」であり、かつての「工」——洋裁師などとはまるで異なる。デザイナーに、自らの手を細やかに動かす洋裁の技術など必要ない。彼女たちはいわば、世界のファッションのめまぐるしい動向を睨んで、自分のデザインを言葉巧みに発信できればよい。つまり、重要なのは知識とコミュニケーション能力であって、職人というよりむしろ知識人に属している。そんな彼女たちの口から、「手を動かす仕事は儲からない」という嘆きを聞くことなど、ありえないだろう。

ピリオドを打つための準備

洋裁学校を閉じたあとも、母はずっと忙しくしていた。まず病気に倒れた父の世話があり、一九九六年に父を看取ったあとは、毎日のように予定を入れた。母は最初に建てたほうの家で、兄のお嫁さんといっしょに暮らした。家事はすべてまかせていたとはいえ、ちょくちょく家のことを手伝った。毎日まず孔子廟まで歩き、気功の体操をし、それから地域の老人クラブの文学講座や、仏教団体のお経のクラスに通ったりと、どれも真剣に学び、楽しんだ。それはきっと、長年仕事に打ちこんだ自分へのご褒美であり、洋裁以外のことを学ぶチャンスがなかった自分に借りを返すつもりだったのだろう。それでも外出するとき、母はきまって、TPOに合った服を選んだ。たとえば孔子廟での運動なら、シンプルでも気品ある着こなし、老人クラブやお経のクラスなら少しだけかしこまった恰好、さらにもし習い事の修了式などがあれば、かつてのように盛装で赴いた。

母はリタイア後、ほとんど新しい服を買わなかった。もともと非常につましい、倹約の時代を生きた世代だし、今は収入がないのだからと、昔の服を何着か着まわす以外、普段着はポロシャツのようなカジュアルな既製服だった。ぼくら家族は申し訳なくて、新しい服を買っていくのだが、なかなか好みがわからない。そもそも我々世代のセンスは母のレベルには達していないから、つい気おくれしてしまう。そうこうしていると、万事控えめで、かつ礼儀をわきまえた母は、「もう年だから、わたしのことにお金は使わないで」と言うのだった。

　母のセンスは、数十年かけてじっくり養われたもので、年をとって視力が落ちても、美しいものにはやはり心惹かれるようだった。実家に帰り、買ってきた服を手渡すとき、母が気に入ったかどうかはひと目でわかった。好みでなければ、「こんな無駄づかいしなくても」と繰り返し言うが、好みのものにはキラッと目が輝き出す。前に台北のあるショップで、パシュミナの黒いストールを買った。インドの手縫い刺繍で金色の縁取りがされていたそれを、母は何も言わず受け取ったし、イヴ・サンローランのストールも満足いただけたらしい。ならばと、SHIATZY CHENの服を試しに買っていったら、これも意外な好評を得た。ただし、この国内有数のブランド服を手にして、母はデザインや生地のよしあしを吟味するだけでなく、裏地や縫い目、ボタンのつけ方までためつすがめつチェックした。今の服飾デザイナーは技術を重んじない。だから台湾の新しいブランドは縫製が甘いと考えていたようだ。

九〇歳を過ぎると、体力的に外出する機会は減ったものの、母のおしゃれへの意欲は衰えることがなかった。このころは、ぼくらが台南に帰れば必ず、家族全員で昼ごはんを食べに行った。家にこもりきりになってほしくなかったからだが、母はそのときどきに合わせた服で現れた。そんなとき、母がとくに気にして家族に尋ねたのは、服装が若すぎないかということであった。年をとったからといって、派手な服を着たくなかったのだ。どれも昔のものだったが、それでも外出するのだからと自分のために、品よくコーディネートした。高齢になったとはいえ、おしゃれをする気持ちが、生きる喜びとなって心のなかで熱を持ちつづけていたのではないか。母は残り少ない人生を無駄にせず、毎日を楽しもうと努め、仕事をリタイアしたあとも、真剣に人生と向かい合っていた。そして母は、ぼくら兄弟に何度も、瑠璃色（るりいろ）の「長袍（デンパウ）」が準備してあるから、そのときが来たら、それを着せて、見送ってほしいと言った。そう、それが母の最後のおしゃれ——自分のために選んだ最後の盛装だった。

図6　90歳を過ぎても、出かけるときは
おめかしをした。2008年撮影。

終わりに——最後の盛装

本書脱稿直後の二〇〇九年七月、母は夢のなかで、人生のマラソンを走り終えた。ぼくはクローゼットから、母の収納ボックスを取り出した。そこには、母が選んだ最後の盛装が入っていた。自らデザインして、縫製した瑠璃色（るりいろ）の「長袍（デンパウ）」だけでなく、なかに着る下着、シャツ、ズボンまでがきれいにたたまれている。これが、極楽浄土へ向かう母の衣装なのだ。母は何年か前に、般若精舎（はんにゃしょうじゃ）という寺院で帰依を受けた。だから長袍の上に黒い法衣（ほうえ）が置かれ、性格もあるだろう、だれが見てもすぐわかるようきちんとしまわれていた。母はゆっくり時間をかけて、自分の最後の衣装を準備していた。息子やその嫁たちに繰り返しことづけるだけでなく、毎年陰干しをして、しまいなおした。母は、気品ある清潔な衣装で、人生の最後の旅に出たかったのだろう。

衣装のほか、母は自ら写真を選び、引き伸ばして額に納めていた。そしてぼくらに、お別れのときに使うよう言い残した。

その日が来たとき、ぼくらは母の言いつけどおり、箱から衣装と遺影を取り出し、厳粛な告別式を執り行った。母の洋裁人生にふさわしい、気品に満ちたピリオドを打つことができたと思う。

本書もまた、そんな母の洋裁人生を記念するために書かれた。

謝辞

最後に初稿を読み、内容確認を手伝ってくれた妻・宛文、兄・家宏、兄嫁・淑芬に感謝したい。
また資料と写真を提供してくれた黄天横氏、
写真の提供と当時の服装について細かく指導してくださった陳柔縉氏に感謝申し上げる。

訳者あとがき

本書は日本統治時代の台南に生まれた少女が、日本がもたらした西洋の服飾文化「洋服」に憧れ、それを自ら作りだす「洋裁」という技術を習得して人生を切り開いた物語である。

主人公であり、筆者の母である「施伝月（しでんげつ）」は一九一八（大正七）年生まれ。一九三一（昭和六）年に親戚の結婚式で初めて見た白いウェディングドレスに衝撃を受け、その後、家業の日用品店を手伝ううちに、包装に使っていた日本の古雑誌のなかに洋裁のページを発見し、見よう見まねで洋服を作りはじめ、一九三六年（満一七歳）より、日本人が経営する台南・末広（すえひろ）町の日吉屋洋装店で働き、本格的に洋裁の腕を磨いた。一九三九年の独立後、仕立て仕事をしながら洋裁を教えていたが、四〇年、日本へ〝洋裁留学〟し、さらに最先端の服飾デザインを学んだ。帰台したのち、一九四四年に結婚。台湾が中華民国に復帰した戦後、一九五三年には洋裁学校を開校し、九四年のリタイアまで台湾の女性の自立をあと押しした。見よう見まねで始めたころから数えて、六〇年にわたる「洋裁人生」であった。

そんな本書の魅力はまず、歴史的にも社会的にも有名でない、ごく普通の人物の地道な人生を丁寧に描いたことにある。だからこそ、日本および国民党という外来政権がもたらした近代化(経済と生活の変化)を眩(まぶ)しい後景に、台湾人女性の努力と信念がくっきりと浮かび上がる。加えて、それまでの伝統的な衣服にはない、行動的で、かつ女性の美しいシルエットを持つ洋服と、それを自らの手で作ることで社会進出を可能にする洋裁が、台湾だけでなく、日本を含む当時の東アジアの女性を解放する武器となったことを想起させる。

その筆致はきわめて平明であり、また息子が母を描くとなれば、もう少し感情移入してもよさそうだが、筆者は母の記憶を冷静に、しかしやさしくたどりながら、当人は気づかなかったであろう時代背景を淡々と重ね、庶民の物語を俯瞰的に描いていく。そんなふうに個の経験を特殊化せず、その思いを声高に訴えないからこそ、かえって母の決断と勇気が際立つ。家族の反対を押し切って一流洋装店に自ら作ったスーツを着て面接に行く……、食っていけるだけの洋裁の腕はあるのになお日本へ留学する……、住む場所もないのに洋裁学校を設立する……など、人生の大事件があえてドラマを排して語られる。母の生き方と同じく、いかにも台湾らしい実直な執筆スタイルだ。

そういえば、著者の母とほぼ同世代の一九一三年生まれの小篠綾子（ＮＨＫ連続テレビ小説『カーネーション』のモデル）は大阪・岸和田の呉服屋の娘だったが、洋裁に憧れ、いろんな店の見習いとなって技術を身につけたあと、百貨店に制服を売りこみに行ったという。なんの伝手もなかった彼女は体よく断られたものの、徹夜で見本を作ると、翌日それを着て同じ百貨店を訪ね、結果採用された……。これも本書の主人公とよく似た決断と勇気ではないか。

日本における洋服と洋裁の普及について見てみると、そんな台湾と同時進行の（あるいはかえって遅れた）状況が垣間見られておもしろい。

日清・日露戦争の勝利後、日本では急速に洋服の着用が広がるが、台湾と同じように、それはあくまでも男性に限られていた。女性は一九一〇年代も依然和服が主流であり、一九二三年の関東大震災をきっかけに洋服の機能性が注目されたことでようやく普及が始まる。短髪に帽子をかぶり、膝下まである細身のワンピースを着て街を闊歩する「モガ」が現れ、一方で庶民のあいだでは簡単服「アッパッパ」が流行した。洋裁学校も、のちの文化服装学院が一九一九年（創立は二三年）、のちのドレスメーカー学院が二六年にそれぞれ開校し（とはいえ、生徒はまだ和装で通っていたという）、雑誌やラジオでも洋裁講座が始まった。ただ、一九二五年に銀座で行われた調査

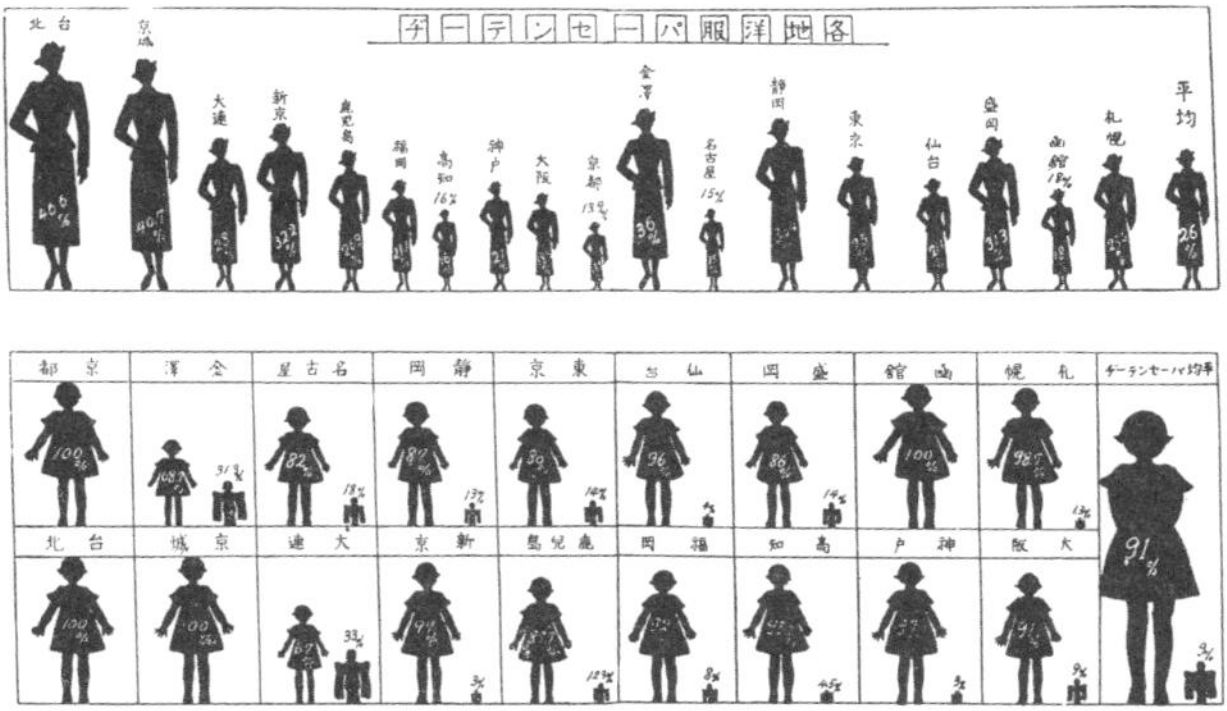

図1-2　今和次郎監修「全国十九都市・女性服装調査報告」『婦人之友』1937年6月号より。

では、洋服の着用率は男性が六七％だったいっぽう、女性は一％に過ぎなかった。やがて女学校の制服が袴から洋服へと転換すると、一九三〇年代には中原淳一のブームなどで少女たちの洋服着用が広まり、子供服も洋服が標準となっていった。一九三七年の調査では東京の街の女性の二五％が洋装だったという（同じ調査で台北は四六・六％である。図1-2参照）。同じころ、ミシン販売店の数は日本全土で一五八八店を数えるまでになっていた（うち台湾は八二店）。その後、モンペなど国民服の時代を経て戦後、日本の女性の服装はほぼ洋服へ切り替わり、にもかかわらず既製服はほとんどなかったから、爆発的な洋裁ブームが起こり、洋裁学校の生徒は、一九五五年には全国で五〇万人に達した（日本にはたくさんの戦争未亡人がいた点で、台湾とは少し事情が異なるだろう）。そして、日本の洋裁ブームは、女性の既製服化が進んだことで、一九七〇代には衰退しはじめたようである。こうした日本の洋裁事情については、『洋裁の時代』（小泉和子著、OM出版）と『ミシンと日本の近代』（アンドルー・ゴードン著、みすず書房）が入手しやすく、詳しい。

著者と原著について。本書の原書名は『母親的六十年洋裁歳月』といい、直訳すれば「母の六〇年の洋裁人生」ということになろう（「洋裁」という中国語にはない日本語由来の言葉を使っている）。印刻文学生活雑誌出版より、二〇一〇年に刊行された。台湾では本に限らず、映画、展示、さらには建築など日本統治時代を振り返るブームが長く続いているが、本書ではそれを「原点」として特殊化するのでも、「懐かしさ」で単純化するのでもなく、現在へとつながる小さな変化の積み重ねのなかで描く点で、異彩を放っている。

著者は鄭鴻生（ていこうせい）（ジェン・ホンシェン）。プロフィールにもあるとおり、台湾大学哲学部を卒業後、兵役を経て、アメリカでコンピュータ工学を学んだ。大学在学中（一九七〇年代前半）に「保釣（ほちょう）運動」と、その高まりに国民党が介入した粛清（しゅくせい）行動（台大哲学系事件）を経験したが、それは『台湾68年世代、戒厳令下の青春』（丸山哲史訳、作品社）に詳しい。ほかに、政治犯が収容されていた緑島（りょくとう）での兵役生活を綴った『荒島遺事（孤島の物語――左翼青年が緑島で過ごした日々）』などの単著がある。

ところで、著者の父「鄭鍈和（ていえいわ）」は、本書ではすこぶる地味な役まわりであるが、彼ら日本語世代の台湾人男性がどうして戦後、「陰鬱たる人生」を送ったのかをテーマに、著者は『尋找大範男孩（台湾男児はいずこへ？――沈黙する戦前世代）』を書き、二〇一二年に刊行している。戦後の台湾人男性は、外省人が支配階級となった社会で、白色テロなどの政治的抑圧のなか、たしかに言動を絶えず慎まねばならぬ我慢の世代であった。それを、父の日本時代の写真からひもとき、戦後生まれの自分と、清の時代に生まれた祖父をつないだ台湾人男性の三代の物語として綴った好著である。どこかで紹介の機会があればと思う。

この島の歴史を描くとき、清の時代までを可視化させることが、どうやら著者の狙いでもあるようだ。本書でも、あたかも隠れたテーマであるように、台南という街と路地から近代化を経て消えていったものを丁寧に記録している。そんな本書に描かれた場所の記憶は、ついつい日本統治時代の台湾にしか目がいかない我々を、さらに遠くへと誘ってくれる。もし本書がきっかけになって、台南へ行き、現在と近代・前近代が混じりあった台湾の空気を感じてみようと思っていただけれたら、訳者としてもとても嬉しい。訳者も数年前、本書に登場する場所を歩いてみたことがある。大通りの内側は当然ながら、部外者には入りにくい空気だったが、著者の描くとおり生活感あふれる路地がどこまでもぐねぐねと続いていた（台北にはそんな路地、存在しない）。ちなみに、著者の母の記憶によると、日吉屋洋装店があったのは、台南の有名な「度小月担仔麵（中正旗艦店）」の隣にある東隆電器の建物だということである（某ストリートビューで見てみると、末広町銀座が作られた当時のファサードがまだ残っている）。

最後に、翻訳についていくつか。歴史的記述について、原文では一部曖昧、あるいは誤りではないかと思われる箇所があったが、原則としてそのまま訳している。母の回想を息子が聞き書きしたテキストであるので、訳文では歴史的に正しいかどうかより、語りとして読みやすいかどうかを優先した。たとえば、ハヤシ百貨店は白金（しろがね）町から末広町へ移ったと本文にあるが、移転前は大宮（おおみや）町にあったという別の資料もあり、単純な記憶違いか、あるいは実際何度か引っ越ししたかもしれず、いずれにせよ当時そこにいた民間人がそう記憶していたということを重視した。またキャプションにあるとおり、母が留学した東京洋裁技藝学院は、日本の資料では所在地が「下大崎」で、最寄り駅は「五反田」であった。どうしてそれが「渋谷」から歩いて二〇分という記憶になったか、想像すると楽しい。ただ、訳注と一部キャプションは訳者がつけたものなので、誤りがあればご指摘願いたい。

本書に登場する台湾語の発音は、「中華民国教育部台湾閩南語常用詞辞典」（http://twblg.dict.edu.tw/）のサイトの音声を、訳者が聴いてカタカナにした。台南の地図については掲載したもの以外にも、「台湾百年歴史地図」（http://gissrv4.sinica.edu.tw/）の「台南」のページにたくさん残されており、参考になった。図版は原著にあったものを一部削除、日本版で新たに追加し、その選定作業は紀伊國屋書店出版部・大井由紀子さんが行った。加えて、ギリギリのスケジュールのなか丁寧な編集作業をしていただき、お礼を申し上げる。最後に、刊行時期が当初の予定よりずいぶん遅れたなか、細かい質問にお答えくださった著者の鄭さんにも感謝をお伝えしたい。

拙訳の台湾歴史シリーズも、ようやく三冊目となった。日中戦争と国共内戦で一冊（龍應台『台湾海峡一九四九』白水社）、日本統治時代の生活で二冊（陳柔縉『日本統治時代の台湾』ＰＨＰ研究所）と続いた。当然、日本時代は今後も追っていかなければならないテーマだが、さらに戦後の庶民史でいい作品が紹介できれば（そして、できれば清の時代の台湾を描く本が見つかれば）と考えている。今後も少しずつではあるが、台湾人が描く台湾の歴史を日本のみなさんに読んでいただき、複雑な状況下にあってもなおじっくり積み重ねられてきた、人びとの勇気を感じ取っていただければ幸いです。

二〇一六年九月三日　天野健太郎

主要参考文献

『台湾文学館通訊』
第二〇期、国立台湾文学館、二〇〇八年八月

山本三生主編『日本地理大系　台湾編』
改造社、一九三〇年五月

頼志彰『台湾霧峰林家留真集——
近、現代史上的活動　1897-1947』
自立報系、一九八九年六月

曾健民『1945破暁時刻的台湾』
聯経、二〇〇五年八月

林文龍『楝花盛開時的回憶——日治時期畢業紀念冊展図録』
（第三冊「制服篇」「修学旅行篇」「時局篇」「内地進学篇」）
国史館台湾文献館、二〇〇五年一二月

陳柔縉『囍事台湾』
東観国際、二〇〇七年一月

呉密察主編『「文化協会在台南」展覧専刊』
国立台湾歴史博物館、二〇〇七年一〇月

何培齊主編『日治時期的台南』
国家図書館、二〇〇七年一二月

黄武達訳『日治時期台湾都市発展地図集』
南天書局、二〇〇六年

著者

鄭鴻生（てい・こうせい／ジェン・ホンシェン）

一九五一年、台湾・台南市生まれ。国立台湾大学哲学部卒業。在学中に、「保釣運動」や大学民主化運動に参加。緑島での兵役ののち、アメリカでコンピュータ工学を学び、修士号を取得。八八年帰国し、資訊工業策進会（政府情報工学研究機関）でネットワーク構築に携わる。九六年、妻とともにシドニーに一年滞在。現在、作家兼主夫。

著書に、邦訳された『台湾68年世代、戒厳令下の青春——釣魚台運動から学園闘争、台湾民主化の原点へ』（二〇〇二年、聯合報「読書人」年間最優秀賞）のほか、『荒島遺事（孤島の物語——左翼青年が緑島で過ごした日々）』（〇五年）、『尋找大範男孩（台湾男児はいずこへ？——沈黙する戦前世代）』（一二年）がある。

訳者

天野健太郎（あまの・けんたろう）

一九七一年、愛知県生まれ。京都府立大学文学部国中文専攻卒業。二〇〇〇年より国立台湾師範大学国語中心、国立北京語言大学人文学院に留学。帰国後は中国語翻訳、会議通訳者。また、聞文堂ＬＬＣ代表として台湾の書籍を日本に紹介している。訳書に『台湾海峡一九四九』『日本統治時代の台湾』『歩道橋の魔術師』ほかがある。

台湾少女、洋裁に出会う　母とミシンの60年

二〇一六年九月三〇日　第一刷発行

著者　鄭鴻生
訳者　天野健太郎
発行所　株式会社 紀伊國屋書店
東京都新宿区新宿三-一七-七
出版部（編集）　電話　〇三（六九一〇）〇五〇八
ホールセール部（営業）　電話　〇三（六九一〇）〇五一九
〒一五三-八五〇四　東京都目黒区下目黒三-七-一〇

装丁　櫻井 久、中川あゆみ（櫻井事務所）
校正　鷗来堂
組版　明昌堂
印刷・製本　シナノ パブリッシング プレス

ISBN978-4-314-01143-3 C0022　Printed in Japan
定価は外装に表示してあります